中国法律语言研究的理论与实践

THEORIES AND PRACTICES OF LAW AND LANGUAGE IN CHINA

主　编　王　洁

执行主编　崔玉珍　赵晓敏

序　言

中国政法大学法律语言研究中心成立于 2000 年 9 月。时隔 24 年，终于有了这本《中国法律语言研究的理论与实践》与读者见面。

回顾走过的路，坎坷与机遇并存。坎坷是因为我们发现了法律语言应用中的问题，面对法学和语言学交叉学科的挑战，我们的知识结构二者缺一；机遇是中国法治建设的大背景下，许多优秀的法律人关注了法律语言的研究，应邀走上了中国政法大学人文学院法治文化法律语言方向研究生的课堂演讲。法律人的稿件之所以弥足珍贵，是因为它们记载着在法律语言研究的探索路上，是法律人最早关注法律语言研究，他们从理论和实践深度结合的视角，讲述了法律实践中真实的法律语言应用故事：或以案例阐述调解语言、审判语言、判决书语言、狱政管理语言中彰显的人文情怀和真善美的司法精神；或从实务的视角阐述法律语言规范化的使用，彰显出司法语言应用的“解释性功能”（说法）、“说服性功能”（讲理）、“激发性功能”和“感化性功能”（传情），传达了法律人在服务社会的各自岗位上运用法律语言办案执法的亲身体悟，折射出法律人在法治社会中的行为担当，令人敬佩。

本书发表的宋鱼水法官、苗生明检察官、田文昌律师等法律人的文章弥足珍贵，法律语言研究的学者足以从中汲取学术营养。共和国前首席大检察官张军的法律语言观启迪我们法律人如何用好法律语言，法律语言学学者如何研究法律语言。

法律语言研究的文章，大多来自肩负教学和科研双重任务的高校教师，这些文章有的命题以小见大，以一个标点符号、一个词语的使用为论题展开阐述，为法律语言规范化运用保驾护航，有针对性地与实践密切结合；有的从宏观视野探寻法律语言研究中的本源性问题，希望引起读者讨论；有的文章体现了理论和实践的互动，即理论来源于实践又去指导实践。

当代法律语言是在继承古代法律文化的精华和中外法律文化的交流与借鉴中形成的。《文明判集》向读者介绍了我国唐代拟判中法律文化的精髓。

在法律话语体系中，除了法律专业术语体系外，还存在一个具有特定法意表达功能的，由法律常用词、常用语和常用句式组成的语言体系。它们共同把全民语言和法律专业术语黏合起来，构成了表达法律内容的法律话语体系。

2020 年 7 月 2 日，我有幸拜访了最高人民检察院时任检察长张军，赵晓敏检察官随我赴访，她的文章记下了张军检察长就法律人如何用好法律语言艺术，提升办案的政治效果、社会效果、法律效果的精辟阐述：

> 用好法律语言，首先要有情怀，这个情怀不是说空话，实际上就是习总书记讲的以人民为中心，也就是你要尊重当事人。你尊重当事人，他是能感受到的。
>
> 用好法律语言，首先是有情怀，其次才是能力。你首先有情怀，感动他一半了，情怀里也就能透出你的能力了。具体来说，什么是语言的能力？用我自己的语言就是：见什么人说什么话。
>
> 用好法律语言，有了情怀、有了能力，才能有语言的自信。这个自信就体现在：能判断他（和你对话的人）是个什么样的人，他的语言环境是什么样的，然后我使用什么样的语言。就是有了情怀，有了能力，就有自信。有了自信，再去驾驭语言，形成的气场就大不一样。有自信，有气场，你才能够去感染人，让当事人觉得你说的都是真的。
>
> 最好的法律语言是什么？就是法律人讲的社会语言，法律人讲的生活语言。如果法律人讲法律语言，往往让人听不懂。法律人讲社会语言、生活语言，不是轻易培养出来的，要把法律语言、法律规定、法律思维变成生活语言，这个运用能力，需要在生活中积累、在工作中体悟。这是一个过程。不是简单的语言学习、语言培训就能做到

的。我们今后要在教学中注重培养学生的语言能力，教学方式、管理方式要改进。

回想1984年，我随中国政法大学法学院三年级的学生到河南省郑州市中级人民法院教学实习。从那时起，我从零开始创建法律语言课，旨在让法学专业的学生把所学的法学知识转化成法律人的职业能力。1994年8月，在领导的支持下，中国政法大学在山东省胶州市召开了中国首届法律语言研讨会。当时的常务副校长王启富参会，张晋藩教授发来贺信，公安部二级警监邱大任参会，并作了关于“语言识别”的法律语言学术报告。2013年召开了首次“法律语言高端论坛”，此次论坛由中国政法大学、北京市人民检察院主办，中国政法大学法律语言研究中心联合承办，中国政法大学时任副校长张保生、苗生明检察官、中国政法大学终身教授江平、宋鱼水法官等逾70名专家学者应邀参加，共同探讨了法律语言和司法实践的结合。2023年“法律语言高端论坛”首次走进司法实务部门，论坛在国家检察官学院山东分院聊城校区举办。在这次的高端论坛上，我提到“法律语言高端论坛”的举办为法律语言研究提供了开窗造门的机会，期盼有更多这样的契机，为法律语言研究殿堂多开几扇窗，让学者看到实务现状；也为这个殿堂多开几道门，让法律语言研究成果冲出殿堂，同时吸引外面的人走进来，有力促进理论联系实际。法律语言的研究也将伴随我国法治社会建设的需求不断扩大，形成越来越完善的话语体系。

往事并不如烟，我虽然已从40多岁到如今的耄耋之年，但欣慰地看到，在祖国法治建设不断完善的背景下，法律语言学学科体系正在形成，研究队伍里优秀的法律人和法律语言研究者深度融合，人才济济，为法律语言研究注入了旺盛的生命力。

本书沐浴着我国法治建设的阳光破土而出，必将茁壮成长。法律人和法律语言研究者，无论你近在咫尺，还是身处辽阔的远方，本书将满载法律语言研究的成果，给你带去充实、亲切、快乐的阅读体验。

王 洁

2024年5月5日

目　录

法律语言的规范化使用*

——以刑事公诉法律文书与出庭支持公诉为视角

最高人民检察院　苗生明

摘　要：准确、规范使用法律语言是每个法律人的必备能力，也是检察人员最基本的职业素养。本文以刑事公诉法律文书和出庭支持公诉为切入点，分别从书面语和口语的角度分析了法律语言规范使用的意义和路径。以起诉书为例，规范制作起诉书要做到坚持正确的司法理念，明确叙述性是起诉书的核心目标，使结构完整、语言准确得当等；出庭支持公诉中，要立足庭审不同环节拟达到的目的，有的放矢地选择恰当的词语、适宜的句式、精准的表达，使公诉语言具有说服力、感染力。司法实践中，法律语言不仅是准确、简明、严谨的语言，更是严肃、庄重、权威的语言。唯有如此，才能使民众对法律产生敬畏之心，才能提高司法的公信力，才能保证社会主义法治建设得以深入推进。

关键词：法律语言；刑事公诉法律文书；出庭支持公诉

海德格尔曾经说“语言是法律的根基”，法律语言根植于民族的语言系统，又有其特有的专业性特征。法律语言是法律内容的载体，也是法律精神和法律思维的体现，从法律文本的制定到法律的实施再到法治社会的实现，都需要法律人运用法律方法、法律思维和法律语言来完成。规范性

---

* 本文在苗生明“2019 年法律语言高端论坛上的致辞”及“出庭支持公诉讲稿”的基础上综合整理而成。

是法律语言最重要的特征，只有做到法律语言规范化，才能为立法者准确地表达立法意图提供载体，才能为司法人员正确理解和适用法律奠定基础。随着推进全面依法治国的不断深入，司法责任制改革、以审判为中心的刑事诉讼制度改革和认罪认罚从宽制度改革等一系列改革的开展，司法机关对法律语言规范性运用，有着越来越迫切、越来越广泛的需求，法律语言学和司法实践相结合也越来越有指导性意义。

作为一名检察人员，我想以刑事公诉法律文书和出庭支持公诉为切入点，谈一些关于规范使用法律语言的看法。

一 刑事公诉法律文书的规范性问题

党的十八大报告指出，要建立健全权力运行制约和监督体系，推进权力运行公开化、规范化，完善司法公开制度，让人民监督权力，让权力在阳光下运行，以公开促公正。党的十九大报告指出，我国已经进入新时代，要深化司法体制综合配套改革，全面落实司法责任制，努力让人民群众在每一个案件中感受到公平正义。党的二十大报告指出，公正司法是维护社会公平正义的最后一道防线，要深化司法体制综合配套改革，全面准确落实司法责任制，加快建设公正高效权威的社会主义司法制度，努力让人民群众在每一个司法案件中感受到公平正义。司法公开主要是案件信息公开，司法机关也主要是通过案件信息公开使人民群众感受到公平正义就在身边。而案件信息公开的重点是法律文书的公开，司法公正首先体现在法律文书上，法律文书出现问题，司法公正就会有缺陷。以起诉书、不起诉决定书、抗诉书为代表的检察法律文书是公众了解检察机关工作的重要途径，直接承载了执法和司法的公正。让检察法律文书经得起社会公众的检阅和品评，提升法律文书中法律语言的规范化运用水平，是新时期检察机关面临的重大课题。

作为检察机关最具有代表性、标志性的法律文书，起诉书是全国检察机关进行法律文书公开数量最多的文书，是公众认识检察机关的重要文本载体。起诉书是形式和内容的统一，不仅具有严谨规范的格式体例，还集中体现了检察机关对案件证据事实的判断认识，检察机关在此基础上依法提出明确的指控意见。起诉书是检察机关对刑事案件开展审查起诉工作的成果的集中体现，代表了检察机关对于某一具体刑事案件的意见和主张。固然，不同的案件有不同的情形和要素，起诉书的事实表述必然具有一定的差异性，不能千篇一律套用模式，然而，差异性和规范性并不矛盾，强调制作规范正是为了防止个别化和差别化表述出现的错误，进而保证起诉书的制作质量。因此，只有形式上符合格式、逻辑、语法的法律语言规范要求，才能实现逻辑严谨、层次分明、条理清晰、重点突出、语言精当，进而保证起诉书客观、真实和准确的制作质量，并取得良好的法律效果和社会效果。那么，在起诉书等检察法律文书中规范使用法律语言，主要应当注意以下几个方面。

首先，必须坚持正确的司法理念。一是要坚持贯彻无罪推定的原则。比如，起诉书中叙写案件事实时，要用白描语言，避免使用带有主观色彩的表述方式，避免用法律评价直接代替对犯罪行为的客观描述，在得出最终的起诉意见之前，要始终坚持以客观中立的立场描述被告人的行为，以严谨的事实、证据和法律逻辑来得出起诉结论，使事实叙写更加客观。二是使用语言要理性、平和、文明、规范。要将带有贬义的动词如“窜至”“溜门”、推测被告人主观动机的短语如“以满足个人淫乐/淫欲为目的”等带有强烈情感色彩和道德评价的词语，以及“目无国法”“无视国家法律”“法律意识淡薄”等带有强烈政治色彩的词语清除出起诉书，从起诉书的叙写开始就要体现检察官理性、平和、文明、规范的执法理念。三是要将诉讼意义作为起诉书记载信息的原则。撰写起诉书所涉及的各要素时，要充分考量诉讼意义，对于不具有诉讼意义的信息可予以简化，突出起诉书启动审判程序、提纲挈领的功能。比如，对与案件定罪和法定量刑情节有关的重要事实应当详细表述，与此关联性较弱的内容可适当从简，从而保证办案效率。

其次，要立足起诉书的特点，明确起诉书的核心目标。起诉书是程式化与实质化的结合，具有公开宣读的宣示性，这对于起诉书提出了更高的要求，那就是正义不仅要被看见，更要被看清楚。因此，同追求说理性的判决书不同，起诉书追求的核心目标应当是叙述性，一言以蔽之，如果说把“理”讲透、说清楚，就是好的判决书，就体现了判决书的说理性的话；起诉书就是要把“事”说清楚、说明白，不能语焉不详，不能一带而过、笼而统之，要把案件事实一五一十说清楚。看不明白的起诉书不是好的起诉书，有着巨大解释空间的起诉书不是好的起诉书，这就是叙述性。叙述性根源于不断完善的法治环境，包括以审判为中心的刑事诉讼制度改革的推进，以及司法责任制所带来的检察官个人作用的不断凸显。叙述性的核心就是全面展现案件事实以及相关证据，重点不是论理，而是描写和叙述。事实上，“事”和“理”也不是能够完全分开的，把“事”说清楚了，“理”自然也就明白了。同时，起诉书也是案件质量的检验阀，叙述性是防止冤假错案的人性防线，冤假错案主要是证据问题，而证据最怕的就是细节，关键的细节事实能不能被有效地证明，直接关系到整个证据体系是否扎实，细节不牢，整个案件结构也会轰然倒塌，所以，起诉书注重细节，增强叙述性，也有利于防范冤假错案。

最后，起诉书要结构完整、语言准确得当，体现系统性和可操作性。一是从结构来说，对于起诉书核心部分的事实证据问题要予以特别关注，在准确、连贯和逻辑性上，起诉书表义要准确，内容上前后要有关联，事实表述要从时间、动作等之间的关联来显示内容的连贯性，不要有太大的跳跃；语法上要有衔接和过渡，尤其应当注意表述的主语形式，当主语发生变化时，语言形式上要出现新的主语，这样才能用语言的衔接体现表述的连贯；行文应符合案件发展的前后逻辑，案件事实的表述语序应当符合一般人的逻辑习惯，如时间顺序、事物发展顺序等，尤其要注意多个并列短语先后顺序的问题。二是语言表述要得当。应当力求使用朴实、易懂的语言，要严肃而庄重，尽量使用书面语言，而不过多地使用方言或口语化表述；要用词准确，精确用语和模糊用语并用，避免绝对化用词；指控事实要清晰明确，事实表述要做到详略得当、主次分明；句式要适用得当，句子成分要完整，不能使意思出现歧义。三是语言使用要准确。准确性是法律语言的重要特点，也是法律语言崇高性的根本保障。起诉书表述内容的周密性和严谨性等，要求每一个法律概念都高度精确严密，要符合内容的科学性、思维的逻辑性以及客观的真实性，运用每一个词语都必须以真实、贴切为最高准则。

不起诉决定书、抗诉书等其他检察法律文书，除样式、内容要素与起诉书存在区别外，在运用法律语言撰写事实证据和意见的要求上，同起诉书一致。可以说，检察文书中法律语言的运用，直接体现了检察官的职业形象和职业素养。

无论是法学学者、法官、检察官，还是律师，在职业活动中，都需要以书面的形式表达自己的法律意见，记载特定的法律事实和法律关系，体现自己的法律思维，而法律思维的核心就是法律语言。因此，准确、规范地使用法律语言进行表达是我们每个法律人的必备能力，也是我们最基本的职业素养。当前，我国法学理论界对法律语言研究还不够深入，司法实务界运用法律语言的规范程度需要进一步提升，全面推进司法体制改革，深入推进严格执法、公正司法，努力营造公正、透明、可预期的司法体制环境，要求我们进一步提高对法律语言重要性的认识，进一步加强法律语言的研究和适用，推动提升法律权威性和司法公信力，为全面依法治国奠定坚实的基础。

二　出庭支持公诉的规范性问题

出庭支持公诉，是指公诉人代表国家在法庭上指控、揭露和证实犯罪，提请人民法院对被告人依法审判，并对法庭审判活动是否合法进行监督的诉讼活动。因此，出庭公诉的任务具有履行职责的双重性：一是指控犯罪，二是法律监督。从指控犯罪的角度看，出庭公诉的目的不在于迫使被告人认罪，而是证明被告人有罪，公诉人需要说服的不仅是法庭，还有旁听的人员，庭审效果的好坏很大程度上是这种证明、说服的效果好坏；从法律监督的职责看，公诉人在指控犯罪的同时，还必须注意保障包括被告人在内的诉讼参与人的合法权利，对审判活动的合法性进行监督。根据法律规定，无论适用哪种程序的公诉案件，检察机关均应派员以国家公诉人的身份出庭支持公诉。

出庭支持公诉是公诉部门最具有专业特点、最富有挑战性的工作，是公诉部门实现职能作用最重要的环节，也是公诉人充分展示自己风采的舞台。《刑事诉讼法》修订以后，公诉人的举证责任增强，庭审风险加大，出庭公诉质量的好坏，不仅在相当程度上说明了审查质量的好坏，还直接关系到审查起诉的结论能否得到法院的认可，社会公平正义能否得到维护和彰显。随着庭审公开原则的逐步落实，人民群众对公诉人在法庭上的表现也越来越关注。通过出庭支持公诉来宣传法治，突出办案的社会效果，也是公诉人义不容辞的职责。因此如何加强出庭公诉工作，是公诉部门和每一名公诉人都必须认真研究的课题。

公诉人出庭支持公诉正在面临着越来越严峻的挑战、越来越艰巨的压力，主要的表现有三个方面。一是司法审判公开化、透明化、民主化的趋势越来越明显，习近平总书记提出了“让人民群众在每一个司法案件中感受到公平正义”这样一个既具体又非常高的要求，怎么让群众感受到公平正义呢？这体现在很多方面，公开审判必然是其中重要的平台之一，加上近年来陆续纠正曝光的一些冤错案件，将司法推到了全民舆论的风口浪尖，更是催生了审判公开化，即让公众最大程度上知晓、评判司法这样一种司法理念。一些全民关注的案件，法院采取的办法就是让开庭审判最大程度公开化，网络直播庭审已经成为法院制度的常态，社会公众对辩护人普遍赞赏有加，而对法官、公诉人的表现则褒贬不一。在这一转变当中，公诉人被聚焦、被攻击甚至被“吊打”，明显感觉到不能适应。二是刑事热点案件频频出现，屡屡成为社会公众关注的焦点。热点敏感案件已经由以往的特例成为一种常态，时有发生，此起彼伏。三是2012年《刑事诉讼法》修改使得庭审方式发生继1996年之后的再一次重大变革，非法证据排除、证人鉴定人出庭等程序上的要求，使得公诉人出庭的任务加重、难度加大，特别是《刑事诉讼法》确立了保障人权原则，扩大了辩护权，使庭审对抗性明显增强，这些都给公诉工作带来很大压力。面对这样一种严峻的形势，我们别无他法，只能去面对，下大力气提高公诉人出庭公诉的能力、水平。

（一）形象气质与出庭语言

1. 形象气质

在形象气质方面，公诉人出庭支持公诉应当做到“精神饱满，仪表大方，举止得体，态度适中”。良好的形象气质不仅是公诉人的外在表现，还是公诉人内在气质、工作能力、业务水平、思想修养乃至人格品质等诸多方面综合素质的体现。良好的公诉形象能达到震慑、感化犯罪人和教育旁听群众的目的，更能展示检察官代表国家出庭支持公诉的良好风范和公平正义的良好形象。实践中，绝大多数公诉人的形象气质还是不错的，向社会展示了国家公诉人的良好精神面貌，但少数出庭人员也存在一定不规范的问题，例如，出庭时着装不统一；出庭行为不严谨，姿势随意，精神劲头不足；形体语言欠佳；公诉态度掌握不当，或过于咄咄逼人，或国家公诉人应有的浩然正气不足。

2. 宣读公诉文书及法庭语言的运用

起诉书与公诉意见是庭审活动中重要的公诉文书。前者旗帜鲜明地表达指控立场，后者在对法庭调查进行总结的基础上，进一步阐述指控内容，论证指控理由，是庭审公诉语言的两次集中展示。因此，公诉人宣读起诉书和发表公诉意见的表现十分重要，若语言、声音运用得当，则会起到强化指控效果、烘托庭审氛围的作用，反之则让人觉得公诉人底气不足，使公诉效果大打折扣。按照要求，宣读公诉文书应声音洪亮，发音准确，语句流畅；发表公诉意见应吐字清楚，语言通顺。总体而言，公诉人在这两方面的表现不错。

应规范运用法庭语言。现在的公诉人法律素养普遍较高，庭上使用大白话等不规范的情况基本不存在，法言法语的运用比较得当，但在语言运用方面仍存在一些不规范现象：有些公诉人发言时频繁使用“这个”“那个”等口头语，发言不流畅；少数公诉人方言较重，普通话水平有待提升；公诉人自我称呼不统一；部分公诉人存在措辞不当的问题；个别公诉人由于紧张，发言时存在较多口误或重复。

法庭发言应带有节奏感，富于感染力。实践中，有的公诉人语速过快，使听众不易分出层次，也无法引起旁听者的共鸣；有的公诉人又过于轻声细语，语速过慢，无法吸引听众注意力，也容易让人抓不住重点。

（二）法庭调查

1. 当庭讯问和询问

当庭讯问不同于审查起诉阶段的提讯。除未成年人以外，司法工作人员提讯时一般没有第三方在场，氛围相对宽松，而当庭讯问则受到交叉讯问规则的限制，需要更加规范和严格，对公诉人也提出了更多的要求。提讯的主要功能是复核证据，多采用疑问的形式，问题设置需要更加详尽；当庭讯问一般是“明知故问”，虽然可以提前拟定讯问提纲，但庭审可能出现各种无法预知的不可控因素，如被告人突然翻供或者不供、共同犯罪的被告人相互推卸责任等等。庭审实质化，让公诉人在当庭讯问中遇到的困难和挑战也越来越大。因此，当庭讯问是考验公诉人应变能力、“控场”能力的极好“试金石”。当庭询问被害人和证人也是如此。

公诉人当庭讯问被告人、询问被害人和证人，要做到发问简明扼要，掌握主动权，营造利于指控犯罪的氛围；问题设计要针对犯罪事实，有的放矢；讯问、询问简明、逻辑清楚，切中要害；能够根据不同回答和庭审情况调整问话策略，有一定技巧。以讯问为例，应当坚持四项规则：一是针对性规则，公诉人当庭讯问必须紧紧围绕起诉书指控的事实、犯罪构成要件及量刑的情节，突出罪名内在的逻辑构成规则和案件本身的特征；二是条理性规则，公诉人当庭讯问应讲求逻辑，由表及里，由浅入深，逐渐深入和展开，以便于法庭和旁听群众全面、清晰地了解案件事实；三是简洁性规则，公诉人当庭讯问应简明扼要，意思明确，不纠缠无关和枝节问题；四是规范性规则，公诉人应避免指供、诱供，不贬损被告人人格，同时发问方式应自然贴切，易于为人所接受。

能否通过讯问使法官准确获知待证事实，依赖于被告人的表达能力，更取决于公诉人的讯问技巧与语言水平。然而，当庭讯问是公诉人的一个薄弱环节，由于长期受到传统庭审方式的影响，部分公诉人缺乏关于当庭讯问的理论学习和实践磨砺，讯问效果常常不能令人满意。主要存在以下几方面的问题：被告人不认罪时，公诉人当庭讯问的针对性不强，条理不够清楚；当庭讯问语言不够简洁，或者切入主题慢，或者下意识重复被告人的回答，或者讯问时间偏长；发问方式不符合规范性要求；当庭讯问过于刻板，不够贴切自然。

2. 举证质证

“以事实为依据”，是刑事诉讼法的一条基本原则，但事实最终要靠证据来证明，归根结底，刑事诉讼以证据为依据。可以说，证据是刑事诉讼中最核心的问题，举证也就成为庭审的重要环节。随着以审判为中心的刑事诉讼制度改革的推进，公诉人的庭审责任增强，而这种责任也主要体现在举证责任上。

举证质证，要求公诉人针对犯罪要件出示证据，目的性强，顺序合理，对证据的说明简明、扼要，主要证据无遗漏；质证有针对性，观点明确、有理有力，批驳辩方证据和观点，巩固控诉证据；对于辩方提供的不能确定真伪或不便发表明确意见的证据，提出延期审理的建议适当及时。举证不是静态的，而是一个动态的过程。

举证不是证据的简单罗列，而要讲究一定的逻辑，这种逻辑首先要符合人的认知规律，其次要符合犯罪构成，最后要符合证据种类的关系。每个案件的公诉发言和辩论均有自己的重点和焦点，举证时就应该围绕这些点进行，这样，才能将举证与辩论有机结合起来，使辩论更具针对性和说服力。

举证也不是证据的简单出示和宣读，公诉人在举证的同时要充分说明举证的目的、同组内证据的联系以及需要提请法庭注意的问题，以最大限度地发挥证据的证明力，并与当庭讯问阶段呼应起来。被告人当庭辩解与证据明显不符的，公诉人可以在举证时进行揭露。简言之，举证的过程实际上是一个让证据开口说话的过程。

举证的过程也是质证的过程，是控辩双方围绕证据的合法性、客观性、关联性进行的就地争夺，并构成整个法庭辩论的基础。很难相信不坚守一城一池，最终却能保卫整个国家。

实践中，公诉人在举证质证阶段的表现普遍较好，能根据所证明的对象合理出示证据，说明也简明扼要，但仍然存在一些需要改进之处：在举证阶段，举证有遗漏，出示证据的范围未经科学选取，出示证据的必要性和客观性不足，证据的关联性有欠缺，对证据证明事项的说明有待进一步规范，证据出示方式不当，证据组合的逻辑性不强；在质证阶段，质证有遗漏，未能正面答辩辩护人提出的质证意见，不善于利用证据规则发表质证意见。

3. 法庭辩论

（1）发表公诉意见

公诉意见是公诉人出席法庭支持公诉时，对被告人的犯罪事实、性质、社会危害性及量刑情节等问题进行全面分析论证，并进行必要的法治宣传的陈述性发言。作为公诉人支持公诉的重要形式之一，公诉意见既是对法庭调查阶段关于案件事实、证据的阶段性评价，又是进一步展开法庭辩论的开局性发言，在整个法庭审判活动中起着承上启下的作用，因此占据十分重要的地位。

实践中，公诉意见常存在以下问题：有些公诉意见机械地罗列证据，笼统得出结论，证据分析不充分；有些公诉意见的法律论证、社会危害性分析不够，层次性和说理性存在缺陷。

（2）辩论

“法庭辩论是集法律理论、逻辑思维、演讲艺术、文化修养、社会经验于一体的综合应用学，是对公诉人素质的综合评判。”法庭辩论是庭审中最精彩的部分，也是最考验公诉人能力的部分。法庭辩论要坚持以下几个原则：一要抓住重点，观点鲜明，针对性强；二要说理透彻，有理有据；三要富于逻辑性，具有较强的说服力；四要沉着冷静，反应敏捷，有较强的应变能力；五要语言形象生动，答辩具有感染力；六要语言文明，用语规范，尊重辩护人的辩护权。

对于法庭辩论，公诉人应当有备而来，庭前制作答辩提纲，根据庭审情况，如法庭调查辩方发言显示的辩护迹象，特别是被告人当庭答辩和辩护人的辩护意见，及时归纳和调整答辩要点。制作答辩提纲，首先要准确而又全面地预测辩点，可以从事实之辩、证据之辩、性质之辩、情节（量刑）之辩等方面入手寻找辩点；其次要简明扼要、有理有据、层次清晰；最后要根据庭审情况适时调整。

实践中，公诉人在法庭辩论阶段主要存在以下问题：公诉人法庭辩论的说理不够透彻；理论功底欠缺；就事论事、就法说法，不能将问题提升到理论层面深入论证；论理不够充分、深入；还有公诉人对明确的法律规定和司法解释不予引用，而舍近求远，用复杂的理论展开论证；有的公诉人运用证据理论来论证控方观点的意识和能力较差；有的公诉人法庭答辩的整体层次感和逻辑性不强，临场应变能力差，用语不够流畅；个别公诉人答辩存在遗漏现象，对关键性问题缺少正面回应，难免给人留下了理亏的印象。

还有些公诉人语言不够生动具象，晦涩难懂。当庭讯问归根结底还是口语交流，公诉人即使提前拟定提纲，也必须以口语形式表达出来，法言法语“俗讲”，就是用语体适当的生活语言解释晦涩的法言法语。

从某种意义上讲，法庭辩论是一门逻辑科学。公诉人掌握事实、证据、法律、情理方方面面的依据，但如果仅仅机械地罗列这些依据，显然不足以说服合议庭和旁听群众，必须依赖公诉人出色的论证来突出法庭辩论的目的和效果。为达到这一目的和效果，可以采用多种方法：一是紧扣犯罪构成、法律概念和相关法学理论；二是合理安排答辩顺序，如对于辩方观点的驳斥，基本上可以分解为“表明己方观点、指明理论依据、引用法律依据、摆出事实依据、分析对方观点、指出对方错误、得出正确结论”这些层面；三是灵活运用归纳、推理等论证方法，善于捕捉事物的本质，善于发现对方错误的实质，善于运用主观与客观、一般与特殊等哲学逻辑范畴以及日常生活逻辑规则。

三 结语

规范法律语言的使用，对于全体法律工作者而言，需要注意以下四点。一是要加强法律语言的准确性。准确性是法律语言的生命线，“失之毫厘，谬以千里”，一字之差、一语之误，都有可能造成法律语言准确性方面的舛误，无论是单个的法律词语，还是描述法律事实的长句，都要做到准确、恰当，避免产生歧义。二是要加强法律语言的简明性。如果说准确性是法律语言的生命线，那么简明性就是法律语言的境界追求，要在叙事时用最少的语言将复杂的案件事实表达得言简意赅，说理时将专业性极强的法学理论表达得通俗易懂，力求做到句无可删、字不得减、以简驭繁。三是要加强法律语言的严谨性。严谨性是法律语言的最主要特征，在准确性这一生命线的大前提下，表述时要“咬文嚼字”，力求字字明晰、句句周密，防止矛盾和疏漏。四是要加强法律语言的权威性。法律语言用于法律文书撰写、法律诉讼等法律活动各个领域，这些都是严肃的社会活动，因此，法律语言不仅是准确、简明、严谨的语言，更是严肃、庄重、权威的语言。唯有如此，才能使民众对法律产生敬畏之心，才能提高司法的公信力，才能保证社会主义法治建设深入推进。

“仓廪实而知礼节，衣食足而知荣辱。”进入新时代，人民群众物质文化生活有了极大的提高，对民主、法治、公平、正义、安全、环境有了更高的需求。更好地服务大局、更好地为人民司法，推进全面依法治国，全面建设法治社会，这些都离不开我们全体法律工作者的共同努力。而构建一支职业素养高、专业水平高的法律职业共同体队伍，需要的不仅是高水准的专业知识，更是准确运用法律语言的能力。新时代法律工作者的职责使命要求我们努力学习，努力提高自己的专业能力和法律素养，努力提升运用法律语言阐释法律道理的能力和水平，通过更加精细、更加规范的法律工作，为社会主义法治建设提供更多的助力和支持。

从实践视角看法律语言及其应用*

京都律师事务所　田文昌

编者按：法律语言在实践中具有重要作用，田文昌律师首先提出法律语言的准确性、简练性和标点符号的使用都会影响实践中的语言使用，然后结合真实的案例，从表达、交叉询问、交流、法言法语、逻辑、观点、表达形式、生动形象等方面详细地解读了法律语言运用过程中出现的问题。

中国以大课为主体，国外以小课为主体，如今看来小课的效果更胜一筹，因为大家可以互动。关于接下来所要讨论的法律语言，其实本人对于理论问题并不是很清楚。作为一名实践者，本人并没有对包括逻辑在内的法律语言进行过系统研究。如今有很多学者研究本人的逻辑，但我自己并没有学过逻辑，都是在实践中琢磨出来的，虽然用得很好但是并未将其理论化。所以懂理论不一定会用，会用又不代表懂理论，理论也不一定都是系统的，有些甚至是错误的。要学理论，就一定要联系实践，将理论和实践结合起来。

法律语言的范围非常广，从口头语言到书面语言，从法律文书到历时语言，都属于法律语言。关于法律语言，首先我们需要考虑的是法律概念表述的准确性。法律语言非常精练，一念之差就谬以千里，比如法律人所使用的“应当”和“可以”之间的关系。“应当”和“可以”在法律上出

---

* 本文根据田文昌律师2013年在中国政法大学“法律语言研究”课堂上的讲座录音整理而成，收入本书时略有改动。

现频率很高，按照通常理解，“应当”是一种硬性要求，“可以”是灵活性的，“应当”就是“理应如此”。然而现在的问题是，很多人在法律上将“应当”解释为“必须”，但本人认为“应当”和“必须”不应等同，那么它们是否为一个词？这个问题看似是一件小事，实则很重要，应明确它们之间的差异。不同于非语言学出身的法学家，语言学家要把它论证清楚——“应当”虽有强烈的指引但是在语义上和“必须”是否相同。此外，“有权”的含义是什么，是行为主体有这个权利，做与不做由本人选择？“不得”的含义是什么，是明确的禁止性？在《刑事诉讼法》修改过程中，很多人倾向于赋予律师辩护的权利。但有人对此表示反对，声称“可以”这样，而“可以”是指可以赋予律师辩护的权利，也可以不赋予。如今不但要讨论这些问题，而且迫切地需要明确下来，并达成共识。

又比如标点符号，这一问题在现行法律中运用混乱。以《刑法》中虚报注册资本罪①为例，其中“后果严重”作为此罪的构成要件。大家认为顿号从语义角度讲是什么含义？从语义来讲，应是并列关系，数额巨大和后果严重这两个要件均具备才可能构成此罪。然而立法原意却是选择关系，这一问题严重影响了罪与非罪的界限。刑法中，标点符号导致解释完全冲突的情况有很多。当前法律语言的研究处于边缘化，不受重视，但实际上这一研究却很重要，它涉及很多关键的定性问题。又比如“以上”“以下”，我们都清楚是含本数在内的。“减轻处罚”是在法定刑以下减轻刑罚，比如法定最低刑 3 年，按立法原意，“减轻处罚”就不能判 3 年，否则减轻和从轻就没有了区别，但实践中经常出现某些案件减轻处罚后判了 3 年，即按照本数判决。这个问题本人曾在立法会上提出，但不被重视。然而实践中经常出现类似的问题，所以法律语言的问题在立法上任重而道远。

此外是语言的简练性问题，法律语言的简练非常重要。有些人在法庭

---

① 《刑法》第 158 条规定：“申请公司登记使用虚假证明文件或者采取其他欺诈手段虚报注册资本，欺骗公司登记主管部门，取得公司登记，虚报注册资本数额巨大、后果严重或者有其他严重情节的，处三年以下有期徒刑或者拘役，并处或者单处虚报注册资本金额百分之一以上百分之五以下罚金。单位犯前款罪的，对单位判处罚金，并对其直接负责的主管人员和其他直接责任人员，处三年以下有期徒刑或者拘役。”

上绕圈子，答非所问。法庭是诉讼，诉讼就是对抗，不管民事、刑事，法庭都是对抗，需要针锋相对。无论是控方还是辩方，如果任何一方语言表达不着边际，对话都不能顺利进行。法律语言还要求易懂、避免歧义，讲话不能卖弄、故意绕圈子。一些人具备很强的表达能力，用词丰富、眉飞色舞、慷慨激昂，但这并不是法律语言的表达方式，法律语言需要严谨。说来惭愧，本人曾有一名40多岁的博士助理，有次我们一起出庭，他在庭上理直气壮、义愤填膺，一会儿站起来，一会儿挥舞着手臂，呈现出的亢奋状态把听众和当事人都镇住了。然而他的辩护词却非常混乱、一塌糊涂，虽然他更多的是在虚张声势，但当事人却很欣赏，觉得他讲得好。我把他的辩护词作为业务学习的反面教材，因为他的话大而无当，无法以书面形式呈现。本人在法大的时候，有名内蒙古的律师来求教，他的两个当事人被判了死刑，自己觉得很冤，我听了半天却不知道冤在哪里。后来发现辩护词都是在喊冤，例如"不该判啊""青天大老爷，饶小人一命"等。我自己当时就批评写辩护词的律师，然后他说"田老师您就别说了，我就是此案律师"。我当时很生气，这是两个死刑案件，这么辩护是行不通的，辩护律师根本不清楚自己在说什么。目前实践中有很多类似的问题，乍一听很有道理，但真刀真枪写下来，却找不出实质内容。

下面将简要解读法律语言运用中的某些问题。

1. 法律语言表达问题

法律语言表达最基本的要求是简练、有针对性、客观真实，忌绕圈子。在法庭表达时，要抛开自己的意识，客观真实地去表达案件事实，不要随意加入主观看法。之前某个大案请权威专家开论证会，现场律师慷慨激昂地介绍案子，其中就包含了很多带有自己主观色彩的内容。给专家介绍案子，应当实事求是，而那名律师把自己的认识和判断当成了证据，如果按照这种思维和表达去处理案件，就不可能客观。但这是很多人的通病。而且说起来容易做起来很难，我所的一些律师在摘抄客观案件时不加引号，只把大意写出来。然而如何确定自己总结的大意就一定完全正确呢？有些在法官对照之后被发现完全不一样。所以我要求他们在整理卷宗时一定要忠于原文，标点符号、错别字都不能改，切记不能随意添加主观理解，但可以加注释解释，这点要切记，否则就会出问题。辩论针锋相对时不要画蛇添足，言多必失。点到为止，说到位即可，在法庭上可以表现，但是理论功底要深厚，不要过于表现自己，以免过多地暴露自己的错误。

2. 法庭的交叉询问

有很多人不会提问，问一大堆问题，有时连自己都忘了问了什么。有时被告人说不清，公诉人就自问自答了。法庭中，要细致地提问，每次只问一个问题且这个问题不能拆分。通过提问，可达到使案件中的法律行为固定下来的效果，像录像一样不可变。通过开放式提问寻找于己有利的证据和对方的漏洞，并且通过转变问话方式来避免诱导性发问，如将“你把钱送给张三了吗?”变为“你说你把钱给了张三，是真的吗?”。提问是一件讲究技巧的事，问什么、如何问、开放式提问、拆分提问都有技巧可言。在法庭交叉询问时，经常会出现诱导性提问，这点需要引起注意。

3. 双向交流很重要

双向交流是很重要的，因为法庭存在对抗，对抗就要求交流。听完对方的发言，不要自说自话，而是要针对对方陈述的内容来交流。法律人必须学会倾听，这是一项很重要的技巧。只有倾听才能做到知己知彼。听不懂对方的话，是无法作出正确回应的。

4. 运用法言法语的问题

和外行人谈话要通俗易懂，讲法言法语时要深入浅出，不能故弄玄虚。例如和证人、被告人谈话，解释“贪污”这个概念时，要用私自占有、揣兜里等；解释“受贿”时，用有没有收钱、怎么收等。要换位思考、设身处地，而不要直接搬弄法律条文。虽然现在强调用法言法语，不说外行话，但是行话要说得通俗易懂，要活用不是滥用，要搞清楚法律的原则、原理，仅仅生搬硬套法律的概念是没有任何意义的。法律终归是带有强制力的规则，规则的产生追根溯源是某些原则的存在，比如无罪推定原则、罪刑法定原则、有利于被告人原则。公权的特征是法无授权则非法，私权利的特征是法无禁止则合法。

5. 逻辑的必要性

逻辑的严谨非常重要。比如香港地区签订合同时对“包括但不限于”的使用就很严谨。在说理、论辩中，逻辑的严谨性就更为重要了，需要因果呼应、环环相扣。逻辑是使表述条理清晰的关键。在口头表达的时候，不能沾边就跑，要回归到主题上来；在谈话、演讲、辩论中主旋律不能变。例如写文章时，有人写得很散、分量轻、比重小，就是因为主题不集中。总结起来，文章要首尾呼应、篇末点题、主题集中；论辩中，表达要周延，否则容易被人反驳。

6. 法律人的观点要鲜明

在法律中，观点必须鲜明，绝不能模棱两可。有一个交通肇事案件，两人撞车后吵起来了，吵后一人逃跑，另一人追赶，在追赶过程中撞到人并致其死亡，之后去公安局自首。这个案子被告人竟然被判处死刑，二审改判死缓。其实这就是交通肇事，不应该判定杀人，否则性质就变了。策略归策略，但观点鲜明很重要，这与美国的诉辩交易不同，诉辩交易是美国法律的明确规定，当有两个罪时，权衡之后取其轻，可以承认一个轻罪。对观点和策略要明确区分。

7. 关注语言表达形式

注意语言的表达方式，例如突出重音，这看起来是小事，实则非常重要。比如说，否定与肯定的态度、是与不是。我们在特定的场合下说“是”和“不是”，在说“不是”的时候，“不”被掩盖了，被人听成“是”，这样的情况是有的，因此要突出“不”来达到令人听清的目的。有一个人在被逼供的时候偷偷打马虎眼，写“以上笔录我不看过”，很小一个“不”，办案人员没有注意，就没给他撕掉，法庭上拿出来一看，“以上笔录我不看过”，律师就告诉被告人当着法庭上那么多人要把“不”字强调出来，这样才有语言的影响力。比如“他拿过”“他没拿过”和“他做过”“他没做过”，要突出重音，这是基本训练。多数人在说话中经常不注意，在演讲交流中也常常出现这样的问题，那么法律语言就更需要刻意地训练。在美国哈佛，有这样一个实验：五个字“他说他爱你”，突出不同的字，可以表达出不同的含义。法律语言一定要表达严谨，哪个重哪个轻一定要表达清楚，否则可能出现重大失误。这些问题都属于基本训练，律师、法官、检察官需要这样的技能培训，而不能只采取学校讲课的方式。1988年的时候，司法部办了几期高级律师培训班，邀请我去讲课，当时我就跟部长讲，这个班有一个缺憾，就是只讲知识，缺乏业务上的技能训练，而这在美国等国家都有。这些基本技能必须培训，抑扬顿挫、重音突出非常重要，因为重音对语言的表达影响很大。

8. 语言的生动形象

说理表达要准确、简练，但是生动形象才有感染力，同时也易于理解，增强攻击性。下述例子将从正面讲如何生动，从反面讲犯了什么错误、有什么样的后果。多年前本人在广东办了一个行政诉讼的案子，做原告代理人，原告船主起诉海关，原因是船主在公海上躲避12级海风的时候被扣了，并被海关认定为走私，实际上只是有嫌疑而已。对方律师问：贼进了屋没偷东西就不叫盗窃吗？其实性质搞错了，我问刑法规定的非法侵入住宅是怎么解释的？老百姓都知道“捉贼要捉赃，捉奸要捉双”，进了屋没拿东西就说是贼，这有什么法律依据吗？不仅如此，贼进了屋没拿东西的是贼，按对方的理解那个屋就是贼屋。

在黑龙江有一个死罪辩无罪的案子，具体案情是作为被告的公司员工起草了两个文件进行诈骗，并通过打印室发出去，被告声称是一把手让其做的，而案发时一把手已经去世，小公司的打印室没有备案也没有批文。回到文件内容上来讲，文件内容真实不真实？我说是真实的，内容完全真实，就是出处说不清楚。我反复强调，程序和实体是有区别的，内容是真的就不存在骗的问题，即使程序上不合法，也只是有点瑕疵，不能说是骗。举个例子，私生子是不是假孩子，只要生出来的是个人，程序再不合法也是真孩子。这例子一举，法官、检察官都服了，文件不是假的。在一些情况下，专业内容不一定被人接受，特别是人们在紧张、对抗状态中，思维受到限制，用适当的比喻可能会收到意想不到的效果。

还有一个在东北发生的案子值得深思。一名刑法学教授、博导，他当时代理一个杀人的死刑案子。二审中被告人没有任何减轻刑罚的情节，该如何保命？他告知被告人的哥哥，除非他有检举、揭发、立功行为，否则没办法。哥哥说“我有一个犯罪线索，我写个条，你给我传进去”，这名律师也照做了。弟弟根据哥哥提供的线索写揭发材料，经查证属实，案子破了，被告人的命也保住了。检察院后来知道原委，认为律师犯了包庇罪。法律规定做假证为包庇。但律师并没有做假证，他只是传了个条，被告人借用别人的犯罪线索，出于自己的保命意愿主动写揭发材料，之后交给公安局进行查证，属实不属实是由公安局调查证明的，和律师没有关系。结果公诉人在法庭上声称，律师是采取移花接木的方式将别人的犯罪线索放在被告人身上做假证包庇。我想到一个比喻来反驳他：这根本不是“移花接木”，而是“借花献佛”。“花”就是犯罪线索，“佛”就是政府。被告人借别人的线索把花献给了政府，律师只是起到了传花者的作用，后来这名律师被宣告无罪。

再说一个在河北办理的走私案子。这案子很荒唐，外资企业享受海关的税收优惠，检察院指控外资企业资质有假，不应享受外资企业的税收优惠政策。其实这和走私没有关系，这是前一个环节——设立外资企业时的问题。我就举了无证驾驶的例子，比如说，没有驾驶证和用伪造的驾驶证都属于无证驾驶。还有一种情况，某人走后门买了一张真驾照，取得驾照的过程违法，但是取得的驾照是真的，还能算是无证驾驶吗？当然不能。用假驾照、无驾照驾驶属于无证驾驶，但用非法取得的真驾照驾驶不能叫无证驾驶。这就是在咬文嚼字上做文章。还有一个广东的案子，某人用一张有瑕疵的身份证办了出入境通行证，被判定为非法入境。身份证有瑕疵，但是用身份证办的出入境通行证是真的，表面看上去二者是概念问题，实际上差别很大。

最后说一个诈骗 200 万元代理费的案子。犯罪嫌疑人通过法院裁定的方式让被害人支付 200 万元，因为被害人破产了，财产不足 200 万元，仅支付了 180 万元。检察院指控犯罪嫌疑人诈骗 180 万既遂，诈骗 20 万未遂，这个说法可笑到了极点，因为一个行为被定了两个罪。就好比偷一辆汽车，但少了一个轮子，就成了盗窃汽车罪（既遂）和盗窃轮子罪（未遂）。通过举例子表达出来，大家就容易理解了。

以上我把这些细碎的点整理出来，运用专业知识，完全可以做成课题。我把点提出来，希望你们把它深化，就是大课题。小题大做，才能做深。

深化司法体制改革语境下的法律语言规范化问题*

中国人民大学　戴玉忠

摘　要：法律语言作为承载、表述、阐释法律的工具，其内涵与不同国体、政体和不同法系下的法律差异密切相关。以“司法”“监察”“审前程序”等词为例，从比较其在西方国家和我国所指涉的内容切入，进一步分析这些词在我国法律文本中的具体含义及使用情况，探究不同司法体制的法律语言冲突。在司法实践中，需要结合我国本土国情，准确把握法律语言的用法，以期提高我国法律语言的规范化程度，助力推进司法体制改革。

关键词：司法体制改革；法律语言规范化；法律文本；规范化

各国司法体制有许多共性的东西，有些基本理论具有普遍指导价值。但不同国体、政体和不同法系下的司法体制，也有许多区别。法律性是法律语言的本质属性。离开了法律土壤的法律语言，就没有了生命力。法律语言是承载、表述、阐释法律的工具。在不同法系、不同国体和政体的国家，在不同司法体制语境下，同一种法律语言，其内涵要表达的法律问题可能是不同的。一定程度上，看一个国家的法治水平，法律语言的规范化程度是一个重要标准。深化司法体制改革，探讨、研究司法体制改革问题，应当重视法律语言的规范化。

---

* 本文根据戴玉忠 2007 年 11 月 29 日在中国政法大学法律语言研究中心给研究生讲课录音的部分内容整理而成，收入本书时略有改动。

一 不同政体下的法律语言冲突

——以“司法”为例

“司法”作为一个法律用语，在不同的国家形式下，其内涵可能是不同的。研究司法体制改革，应当注意“司法”一词在不同政体下的语言冲突问题。

（一）“三权分立”和“议会制”政体下的“司法”

“三权分立”的理论，是法国著名思想家孟德斯鸠在1748年出版的《论法的精神》中系统提出的。孟德斯鸠认为，国家的基本权力应该分为立法权、行政权、司法权。他指出：“如果司法权和行政权集中在同一个人之手或同一机构之中，就不会有自由存在。因为人们会害怕这个国王或议会制定暴虐的法律并强制执行这些法律。”“如果司法权不与立法权和行政权分立，自由同样也就不复存在了。如果司法权与立法权合并，公民的生命和自由则将任人宰割，因为法官就有压制别人的权力。”① 孟德斯鸠的“三权分立”理论，是针对当时封建专制政权体制提出的，是进步的。美国1787年制定的宪法，经各州议会批准后于1789年施行，其第1条规定：“本宪法授予的全国立法权，属于由参议院和众议院组成的合众国国会。”第2条规定：“行政权属于美利坚合众国总统。”第3条规定：“合众国的司法权，属于最高法院和国会不时规定和设立的下级法院。”② 后来，“三权分立”理论成为西方国家政体建设的指导性理论。“总的来看，除美国之外，西方主要国家的政治体制形式不完全相同，但从根本上说都属于议会制……”③ 在西方国家，无论实行的是“三权分立”体制，还是“议会制”体制，“司法”都指向法院。作为法律语言，说“司法”就是法院，

① 〔法〕孟德斯鸠：《论法的精神》（上、下册），孙立坚、孙丕强、樊瑞庆译，陕西人民出版社，2001，第184页。

② 任东来、陈伟、白雪峰等：《美国宪政历程：影响美国的25个司法大案》，中国法制出版社，2004，第559~567页。

③ 胡联合、胡鞍钢：《西方国家有多少搞“三权分立”的?》，《中国社会科学院报》2009年2月17日。

在“三权分立”和“议会制”国家形式下，是完全正确的。

（二）我国不实行“三权分立”和“议会制”，实行人民代表大会制度

我国选择的国家基本权力架构即政体，是人民代表大会制度，人民代表大会制度是我国的根本政治制度。我国《宪法》第57条规定：“中华人民共和国全国人民代表大会是最高国家权力机关。它的常设机关是全国人民代表大会常务委员会。”《宪法》第96条第1款规定：“地方各级人民代表大会是地方国家权力机关。”这表明，我国国家第一层面的权力不是三个，而是一个，即人民代表大会。《宪法》第58条规定：“全国人民代表大会和全国人民代表大会常务委员会行使国家立法权。”我国没有单设国家立法机关。《宪法》第3条第3款规定：“国家行政机关、监察机关、审判机关、检察机关都由人民代表大会产生，对它负责，受它监督。”在人民代表大会下，实行行政机关、监察机关、审判机关、检察机关的分设。《宪法》文本中没有“司法权”“司法机关”“司法制度”的表述。我国《宪法》文本中只两处有“司法”二字，就是关于国务院和地方政府职权的规定中，有国务院和地方政府领导“司法行政”工作的表述，这显然不是指西方的“司法权”，而是指司法行政工作。“三权分立”的体制，尽管被西方发达国家长期采用，但不适合于中国。中国在权力架构上不是“三权分立”的“等边三角形”，而是“立体金字塔”：上边是一个国家权力机关——人民代表大会，下边是国家行政机关、监察机关、审判机关、检察机关。法律语言应以宪法和法律文本为根据，我国的宪法文本中，没有将任何一个机关表述为司法机关，而是将人民法院定性为“国家的审判机关”，将人民检察院定性为“国家的法律监督机关”。[①] 这与美国等西方国家宪法、法律文本中的“司法”，在内涵上是不同的。

（三）我国基本法律文本中的“司法”

我国的基本法律中，关于“司法”一词的表述是不集中、不系统

---

① 参见2004年《宪法》第123条、第129条，1979年《人民法院组织法》第1条，1986年《人民检察院组织法》第1条。

的。《人民法院组织法》《人民检察院组织法》和刑事、民事、行政诉讼法等相关的基本法中，关于“司法”的表述是极少的、分散的。我国宪法和基本法律文本，没有对“司法”这一概念作具体界定。有“司法”一词的法律文本主要有如下几类。

一是《人民法院组织法》《人民检察院组织法》。1979 年《人民法院组织法》第 17 条和第 42 条中，有“司法行政工作”“司法行政机关”的表述，第 41 条有“司法警察”的表述；1986 年《人民检察院组织法》第 27 条中有“司法警察”的表述。这些“司法”表述都不是指国家“司法权”。

二是《刑法》中有“司法工作人员”的规定。1997 年修订的《刑法》第 94 条规定：“本法所称司法工作人员，是指有侦查、检察、审判、监管职责的工作人员。”《刑法》分则中，有司法工作人员徇私枉法等罪名的规定。我国刑法上的司法工作人员，不同于“三权分立”体制下单指法官，还包括侦查、检察、监管人员。

三是 1982 年全国人大常委会《关于严惩严重破坏经济的罪犯的决定》。该决定中有“司法机关”的表述：“本决定所称国家工作人员，包括在国家各级权力机关、各级行政机关、各级司法机关、军队、国营企业、国家事业机构中工作的人员，以及其他各种依照法律从事公务的人员。”显然，其中的“司法机关”并不单指法院，也包括检察院。在这里，检察机关不是国家权力机关、行政机关，也不是军队、企业、事业单位，只能是司法机关。1997 年修订的《刑法》第 396 条第 2 款中规定的“司法机关私分罚没款物罪”，主体“司法机关”也是指检、法两院。1996 年《刑事诉讼法》第 38 条中的“司法机关”是指公、检、法三机关。

四是《立法法》。2000 年 3 月全国人大制定的《立法法》中有“司法制度”的表述，第 8 条规定了立法权限，第 9 条对国务院作出了授权立法规定。国务院是最高国家行政机关，2000 年《立法法》对其授权立法作了限制性规定，“有关犯罪和刑罚、对公民政治权利的剥夺和限制人身自由的强制措施和处罚、司法制度等事项”，国务院不能规定。其中的“司法制度”一词，不能理解为单指法院的审判制度。

五是《法官法》《检察官法》。2001 年，全国人大常委会修改的《法官法》第 12 条、《检察官法》第 13 条中有“司法考试”的表述，初任法官、检察官，要通过国家统一司法考试取得资格，“司法考试”也不单指法官考试。

六是《关于司法鉴定管理问题的决定》。2005年2月28日，全国人大常委会作出的《关于司法鉴定管理问题的决定》，标题就有“司法”一词。当然，鉴定本身，并不是司法决定，而是鉴定人对具体问题作出的评断，是一种证据形式。鉴定人应当在法定权限内，使用法律语言作出鉴定结论。有的鉴定结论写道：“被鉴定人患偏执型精神病，不负刑事责任。”后半句“不负刑事责任”，不应是“鉴定结论”使用的语言，而应是司法决定所使用的法律语言。

七是《未成年人保护法》《预防未成年人犯罪法》。1991年9月制定、2006年12月修订的《未成年人保护法》中，单设一章“司法保护”，这里的“司法保护”，不单指向“法院”，还指向“公安机关、人民检察院、人民法院以及司法行政部门”①。1999年6月制定的《预防未成年人犯罪法》中，多处有“司法机关”的表述；同时，多处有“人民法院”的表述。这里的“司法机关”，显然不是单指“法院”，而是广义的“司法机关”②。

日常生活中，“司法”一词经常出现，如党的十五大报告提出“推进司法改革”，党的十六大报告提出“推进司法体制改革”，党的十七大报告提出“深化司法体制改革，优化司法职权配置，规范司法行为，建设公正高效权威的社会主义司法制度”，党的二十大报告提出“严格公正司法”，③等等。这些权威文件中的“司法”，显然不单指向“法院”，这些表述中的“司法体制改革”，也不单指“审判体制的改革”。但有的文章中讲“司法”，就是单指法院；有的文章讲“司法”，指检、法两院；有时，“司法”又包括公、检、法等机关。由于我国与西方国家政体不同，“司法”的内涵不同，不能将西方的“司法”与我国的“司法”等同看待，不能将这种冲突性法律语言混为一谈。

---

① 参见2006年《未成年人保护法》第五章“司法保护”和第50条。

② 参见1999年《预防未成年人犯罪法》第3条、第43~44条。

③《全面建成小康社会重要文献选编》（上），人民出版社、新华出版社，2022，第398、478、589页；习近平：《高举中国特色社会主义伟大旗帜　为全面建设社会主义现代化国家而团结奋斗——在中国共产党第二十次全国代表大会上的报告》，人民出版社，2022，第42页。

二　不同司法体制下的法律语言冲突

——以“检察”为例

“检察”作为法律语言，自诞生以来，对其内涵一直有不同的认识。当今世界，各国的“检察”，也有不同的内涵。同是法律语言“检察”，在不同的政体、司法体制、诉讼机制下，有不同的含义。

（一）“检察”一词的诞生及原始含义

“检察”一词，作为当代法律语言，最早诞生在欧洲大陆，如果从1285年法国国王菲力普四世赋予“国王代理人”以政府公诉人的地位算起，至今已经有七百多年的历史；如果从1461年英王律师更名为“总检察长”算起，至今也有五百多年的历史。“检察”这一概念作为法律语言诞生时，指代表国王提起诉讼，进而发展为代表国家提起诉讼。“检察”这一概念作为法律语言，其原始含义是公诉。中国历史上的法律文本中用“检察”一词，始于1906年（清光绪三十二年）颁布的《大理院审判编制法》，规定大理院以下各审判厅内附设检察局，各局设检察长一人，负责提起公诉、监督审判和判决的执行。这是从日本学来的，参照的是大陆法系国家的做法。有的人，一说起“检察”，就认为是指“公诉”，一说起“检察院”，就认为是“公诉机关”，就其产生的历史和现在西方国家的检察制度而言，这样的认识是有根据的。但在中国宪法和法律文本中，没有把检察院定性为公诉机关，而是定性为“国家的法律监督机关”①；并在刑事诉讼法典中规定：“凡需要提起公诉的案件，一律由人民检察院审查决定。”② 公诉权由检察机关行使，是检察机关的一项基本权力。中国现行法律文本中的“检察”，已经不是西方法律语言中的“公诉”，也不是西方法律语言中的“检察”。

① 参见2004年《宪法》第129条、1986年《人民检察院组织法》第1条。

② 参见1996年《刑事诉讼法》第136条。

（二）现代国际社会通行用语中的“检察”

现代国际社会通行用语中的“检察”，相对于当初欧洲大陆“检察”诞生时的内涵有了发展。毕竟已经有数百年的历史，“检察”作为一种法律语言、一种法律制度，已经被赋予新的内涵。

一是联合国《关于检察官作用准则》中的“检察”。该准则是1990年联合国第八届预防犯罪和罪犯待遇大会通过的联合国文件，其中的第11条规定：“检察官应在刑事诉讼，包括提起公诉和根据法律授权或当地惯例，在调查犯罪、监督调查的合法性，监督法院判决的执行和作为公众利益的代表行使其他职能中发挥积极作用。”① 这里规定的“检察”已经不再仅仅是指公诉，不是单纯的公诉。社会发展了，联合国文件作出了与“检察”原始含义不同的新界定。尽管联合国《关于检察官作用准则》不是国际公约，但作为联合国文件，它体现了大多数国家的共识，在国际社会具有普遍的倡导力。

二是大陆法系国家的“检察”。大陆法系国家的“检察”，与联合国文件中的内涵基本一致，包括案件调查、提起公诉和一定的监督职能。比如在最有代表性的德国、法国，还有亚洲的日本，检察官不仅可以对所有案件行使调查权，还有对警察调查案件的领导、指挥、决定和监督权。“检察”在大陆法系国家，已经产生了新的内涵。

三是英美法系国家的“检察”。它具有特殊性。在英美法系国家，一般来说，“检察官”负责案件公诉。但由于英美法系国家在一般情况下，总检察长同时又是司法部部长，领导、监督案件的调查。比如，美国的司法部部长兼总检察长，领导联邦检察官的工作，同时领导美国联邦调查局、移民局等案件调查机构的案件调查工作，也开展一定的弹劾性监督和法律执行监督。

四是东欧国家的“检察”。比如俄罗斯、乌克兰等国家的“检察”，是国家的法律监督。俄罗斯、乌克兰两个国家都实行“三权分立”，但检察

---

① 杨宇冠、杨晓春编著《联合国刑事司法准则》，中国人民公安大学出版社，2003，第371页。

机关是国家的法律监督机关，有很大的监督权力。

由于不同国家的政体、司法体制不同，“检察”作为法律语言，其内涵是不同的。

（三）我国法律文本中的“检察”

我国 2004 年《宪法》第 129 条规定，检察机关是国家法律监督机关。这是《宪法》文本对检察机关的定性。我国《刑事诉讼法》中讲的“检察”，实际上是监督。如 1996 年修正的《刑事诉讼法》第 3 条规定：“检察、批准逮捕、检察机关直接受理的案件的侦查、提起公诉，由人民检察院负责。”这句话作为立法语言，把“检察”与“提起公诉”并列表述，至少说明，中国法律中的“检察”与“提起公诉”是并列的两个概念，“检察”不是“公诉”。1996 年修正的《刑事诉讼法》第 8 条规定：“人民检察院依法对刑事诉讼实行法律监督。”而第 3 条规定的检察机关的四项职能，没有“监督”两个字；有专家指出，第 3 条的“检察”就是“监督”，不是公诉，这一条中的“检察”与“公诉”是并列的两个“概念”。1986 年《人民检察院组织法》第 5 条规定了检察机关的五项职权：第一项是“对于叛国案、分裂国家案以及严重破坏国家的政策、法律、法令、政令统一实施的重大犯罪案件，行使检察权”，这个“检察权”是广义的；第二项赋予检察机关“侦查权”；而第三、四、五项在赋予检察机关公诉权的同时，均使用了“实行监督”的表述。这也说明，国家法律在表述检察机关职权时，是把“提起公诉，支持公诉”与“实行监督”分开，作为并列职能表述的。

（四）我国“检察机关”的“司法”特征

我国的人民法院是司法机关，这是肯定的、不容置疑的；但检察院也是司法机关。一是在人民代表大会制度下，检察院与法院一样，独立设置。二是宪法和法律明文规定检察机关依法独立行使检察权，不受行政机关、社会团体和个人的干涉，这与法院依法独立行使审判权原则是一样的。三是检察官与法官的任职条件相同，产生程序基本相同，检察长的产生比法院院长的产生还复杂，检察长与法院院长经人民代表大会选举产生后，法院院长即可履职，而检察长需提请上级检察院报同级人大常委会批准。四是检察机关具有审查批捕、决定不起诉等带有司法特征的职能，最高人民检察院与最高人民法院一样有权进行司法解释。这些表明检察机关是具有司法特征的机关。2006 年 5 月 3 日，中共中央发布《关于进一步加强人民法院、人民检察院工作的决定》，其中第一点第一句话就是“人民法院和人民检察院是国家司法机关”。党的历次代表大会报告提出推进和深化司法体制改革，保障司法机关依法独立行使审判权、检察权，都是把检察机关作为司法机关的。

由于司法体制不同，“检察”的内涵也有不同。中国法律文本中的“检察”，既不是“检察”最初在欧洲大陆诞生时的“检察”，也不是当今西方国家法律文本中的“检察”，也不同于苏联（俄罗斯）等国家法律文本中的“检察”，是中国特色社会主义司法体制下的“检察”。

三　不同刑事诉讼模式下的法律语言冲突

——以“审前程序”为例

同一种刑事法律语言，在不同刑事诉讼模式下，可能有不同的内涵。刑事诉讼制度中的法律语言冲突问题，是一个很重要的问题。这里以“审前程序”这一刑事诉讼用语为例，来讨论不同诉讼机制下的法律语言问题。

（一）在西方，“审前程序”是一个特定的法律程序

一是在西方，特别是英美法系国家，“审前程序”作为法律语言，是专用概念。审前程序，“在西方国家，一般是指检察官起诉后到主审法官开庭审判前的这一阶段”[①]，是为主审法官审判做准备的程序。二是“审前程序”作为以审判为中心的一种法定程序，负责案件审判的主审法官处于被动、中立地位，审前一般由预审法官或中间程序法官负责，对诉讼进行预审，有的国家由大陪审团来预审。三是“审前程序”以当事人双方有诉

① 樊崇义主编《刑事审前程序改革与展望》，中国人民公安大学出版社，2005，第 2 页。

讼处分权为前提，如果双方有辩诉交易，在被告人认罪的情况下，检察官可以削弱指控力度、减少指控。如，前几年美国有个案件，一开始检察官指控被告人犯有59项罪名，后经辩诉交易，被告人认罪，检察官撤销了58项指控，只剩下1项指控，而且是轻罪。这种“审前程序”中的“辩诉交易”，使很多案子不进行法庭质证。真正进行法庭质证的案件在5%～10%。西方的“审前程序”作为法律语言，有特定的内涵。

（二）在我国，法律文本中没有“审前程序”这个概念表述

我国《宪法》第140条规定，“人民法院、人民检察院和公安机关办理刑事案件，应当分工负责，互相配合，互相制约”。这是《宪法》确定的一条重要的诉讼原则。我国1979年《刑事诉讼法》和1996年修正的《刑事诉讼法》，都设四编：第一编“总则”，第二编“立案、侦查和提起公诉”，第三编“审判”，第四编“执行”。我国的刑事诉讼结构呈现分阶段、分工的特征。一是我国检察官不能领导、指挥警察的侦查活动。二是法律上没有规定对于检察官要起诉的案件，由中间程序法官预审，没有西方那样的“审前程序”。我国刑事诉讼，分阶段进行，公、检、法三机关分工负责、互相配合、互相制约，这是宪法原则。

（三）“审前程序”作为法律语言，应该科学界定

近几年，在我国的司法体制改革和学术研讨中，常有“审前程序”研讨会举行。进行“审前程序”的理论和制度研讨是必要的。但把西方有特定内涵的法律语言“审前程序”，对应我国的立案、侦查、起诉，是值得商榷的。如前所述，西方的“审前程序”是特定程序，不是泛指审判以前的全部程序。用西方检察官起诉后到主审法官开庭前的特定“审前程序”，概括我国审判前的立案、侦查、起诉，不仅在法律语言内涵上与西方的“审前程序”冲突，而且没有以我国法律文本为根据。不是西方的“审前程序”不科学，是西方的“审前程序”与我国审判以前的程序不是一回事，应科学地界定“审前程序”。“审前程序”作为一种特定的程序制度，具有特定的法律语言含义。

审判语言的方方面面*

北京市海淀区人民检察院　王振峰

编者按： 语言是审判活动中非常重要的一个方面，王振峰检察长对审判语言的特征、分类、关系都做了具体的阐述，在这个基础上进一步对裁判文书的作用及其问题进行探讨，并提出裁判文书说理应从事理、法理、情理和哲理四个方面进行全面考虑。

一　审判语言的应用

就本人而言，对审判语言的思考是从研究审判关系开始的。语言问题是审判活动中非常重要的一个方面，因为在审判活动中法官是需要进行语言表达的，具体如何表达，是我们研究审判语言的关键所在。

语言是人类最重要的交流工具，它和人的思维有着密切联系，是一个人思想最直接的表现，也是人类区别于其他动物的一个重要特征。凡是和审判活动有关的语言都可以称为审判语言，它是庭审过程中一个最基本的工具。无论是询问当事人还是进行庭审调解，审判人员都需要借助语言传递信息，语言生动形象地反映了说话者的心理活动、思维方式、理论功底、道德水平。就我本人工作经历而言，不同的法官去做同一个人的工作，会产生不同的效果，虽然有很多其他因素在里面，但语言所起的作用

* 本文根据王振峰检察长 2012 年 11 月 7 日在中国政法大学“法律语言研究”课堂上的讲稿及录音整理而成，收入本书时略有改动。

至关重要。

语言有以下几个特征。一是地域性特点。中国地域广阔，受地理环境、政治、经济、文化等因素的影响，各地区的语言、语调、词汇、词义都不太相同，人们常常讲某个地方的方言或者民族语言就是这一现象的体现，当某人来到一个新地方，他就要重新去适应当地的语言表达。二是时代性特点。某一时期的客观现实会对人类社会产生不同影响，人类语言会有时代的烙印，比如说在20世纪六七十年代，人们的言谈举止会体现出那个时代浓厚的政治色彩，而如今的商品社会和那时明显不一样。前段时间看到国家筹备编修《新华字典》，要把当今时代的一些网络语言甚至外来语编入进去，如“坑爹”“给力”等等，这就体现了语言的时代特色。三是职业性特点。每个人的语言表达都可以天南地北、海阔天空，但是终究离不开他所在的职业。科学家、艺术家、法官、检察官、教师，甚至是不同学科的教师，他们的语言都有其职业的特点。比如对学生而言，每天议论最多的是学校的作业、课堂、师生。而法官每天会把权利、义务、法律关系放在嘴边，甚至开玩笑也离不开这些内容。四是针对性特点。每个人对客观事物的判断、分析都要通过他的语言来表现。针对性说明了一个问题，即要表示某种含义，必须有特定的指向，如果没有特定的指向，那么说的话就是无本之木，就像在说梦话。我们生活当中每次交流所组织的语言都必须具有针对性，要围绕特定的问题来进行交流。

那么我们还要继续分析语言特征在审判活动中的体现。审判活动离不开语言，法律对语言有严格的规定和要求。在语言的地域性方面，要求法官在审判活动当中允许当事人运用本民族的语言，允许当事人聘请翻译。如果一个有经验、有热情的审判员在审判活动过程中和当事人用家乡方言拉几句家常，会大大拉近双方的关系，从而更加容易沟通，这就是语言地域性特征的应用。不同的地方有不同的语言，我们的审判员也是这样，比如说外地法官去新疆、西藏，需要有一个民族干部陪着，他审理少数民族犯罪案件时需要有民族干部配合，合议庭必须有民族干部，地域性特点决定了必须这么做。另外，语言的时代性要求法官顺应时代，我们在改革开放时期，要讲政治、讲正气、讲学习，在和谐社会建设进程中要讲和谐，那么我们的语言要怎么组织？我们要思考怎么在结合案情实际的同时使法言法语适应和谐社会建设的要求，切记随机应变。我们这个职业性的特点，无论是法官、检察官，在工作的时候都有法言法语，对于不同的案件、不同身份的当事人，要运用不同的语言风格，具体由法官灵活处理。很多人认为“见什么人说什么话”是很虚伪的表现，但本人认为在审判活动中应当有这个本领。我们职业的特点，要求我们针对不同的职业、不同的人用不同的语言表达自己的意思，这也是常说的要有针对性，而并不是虚伪。比如跟老人嘘寒问暖，面对年轻人要深入浅出地讲道理，面对小孩得哄着他逗着他玩，这些生活中很正常的事，也同样适用于法庭的审判活动。如果法官对着工人、农民一味地讲法理，讲法律关系，讲权利义务关系，对方很可能听不懂法官在说什么，觉得是在装腔作势。如果法官跟一些文化素养很高的人一味地拉家常，说具体的事，而不上升到一定的理论高度来帮助对方提高认识，那法官会被认为是水平低，没有能力。所以说审判语言在我们的审判活动中必须有自己的特性。

除了语言的上述特点，作为一个专门学科，法律语言还有自身的要求。如果把法律语言作为一个学科来分析，只有法律语言做到严谨、公正、和谐，我们在审判实践过程中才能够得心应手地处理案件。首先，法律语言的严谨应体现在立法上，即法典法条的严谨上。这对立法语言提出了很高的要求，它不能产生歧义。有时虽然仅一字之差，但概念可能完全不同，比如刑法中的“罚金”与行政法中的“罚款”，它们是两个不同的概念，前者是一种刑罚，而后者是行政处罚的一种类型。如果搭配错了，在刑罚中用“罚款”，就会闹出笑话；同理，如果在行政诉讼领域谈“罚金”，也会产生极差的效果。再比如一个财产案件中谈数额巨大与数额较大，它们在刑罚上的差别很大。其次，法官在司法活动中的语言也是如此，法官的话在当事人的心中往往是金口玉言，影响当事人的人身权利和财产权利，也会直接影响法院的审判结果。我们讲社会公正，审判语言也要体现裁判的公正。司法公正不仅是一个裁判的结果，而且要体现在整个诉讼活动中，只有这样才能实现程序与实体意义上的公正，维护当事人合法权益。审判语言感情上要求和谐，是因为人民法院要为人民服务，要以人民的利益为最高追求，感情上的和谐要求法官全身心地投入审判活动过程中去，不能和某一方当事人有感情上的交流。法官审判语言要严谨、语调要严肃，但是在正义和公正当中要有柔有刚，这种和谐的语言是职业的要求。有些裁判结果不能被当事人接受，这和语言中的和谐不足有直接的关系。例如，法庭活动的进展由法官来决定，当事人觉得自己没有说明白，而法官明白了，或者当事人还有内容要说，但法官认为其所说的内容是重叠的，法官往往会制止当事人继续发言，个人认为这是法官普遍存在的一个问题。法官应该和谐地把话说明白，如果当事人还想继续，可以让当事人采取书面形式，因为法庭庭审活动的时间是有限的，如果双方一味地说下去，那么庭审就会无限拉长，这是法官在组织审判语言的过程中容易忽略的一个问题。一味地强调公正、语言的严谨，却忽视了对法官语言和谐的要求，这是不恰当的。

二　审判语言的分类

除了审判语言的特点，更全面地了解审判语言的分类，才能更好地利用审判语言为审判服务。审判语言可以分为口头语言、书面语言、行为语言，这三者是审判活动中比较重要的三个方面。

口头语言是通过口述表达意志的形式，用于庭审、调查、询问等过程，是最直接的语言。法官要恰当表达自己的意见，提升当事人的理解和满意程度，这需要每一名法官在工作当中不断锻炼。运用口头语言，应该做到有理有据、恰如其分、留有余地、失礼不失理。具体而言，“有理有据”就是依法办事，不仅理论上要有根据，事实上还要站得住脚；“恰如其分”是指说应该说的，不说不该说的，对于不同的人用不同的表达方式；“留有余地”是指法官说的话要能够收得回来，避免使用太绝对的语言；“失礼不失理”是指即使失去礼貌也不能失去理由。

书面语言是指以文字记述的方式表达某种意愿的语言形式，在审判活动中多应用于笔录、裁判文书等一些文字资料上。一定的文化水平和口头语言表达能力是对法官的基本要求，但用文字准确表达法官的意志有很大的难度。只有具有高水平的书面表达能力，法官才会有高水平。本人在法院工作的时候，前辈是这样教育我的：在机关有两件事情需要掌握，一件是要写手好字，这是因为过去没有计算机，各种材料都需要手写，字体的好坏影响留给大家的第一印象，另一件是写手好文章，一手好字一手好文章是对一个机关干部的基本要求。写字可以称作兴趣爱好，但是对写文章一定要重视，因为语言表达是非常重要的。书面语言也依赖很多方面，例如理论基础和思维方式都会对语言文字产生作用。记得和应松年老师到台湾地区参加海峡两岸行政法学学术研讨会时，台湾地区的法官有句名言——“法官无语”：法官不需要说很多话，法官的工作就是法庭开庭、休庭，休庭之后作出判决，法官的想法都通过判决书来体现。审判活动中法官要减少和当事人在庭审以外的直接对话，减少当事人对法官的合理性怀疑，所以台湾地区对法官的文字、文书要求很高。如今大陆地区也有法院推出新办法，为了把事说明白、把当事人工作做通、把调解工作做好，设置了判前语、判后语，内容主要是判决书正文没有涵盖的解释说明。本人认为这值得商榷，如果判决书都没有说清楚，那判决书正文之外能说清楚吗？还是说不清楚。如果有能力把问题在判前语、判后语中说清楚，那还不如将其体现在判决书中，这在没有篇幅限制的判决书中完全可以做到。个人认为判前语、判后语是没有生命力的，这反映出当前书面语言还存在一些问题，对书面语言应该提出更高的要求。我们的法官、检察官对书面语言应有所重视，提高书面语言表达的能力。

行为语言是用动作、神态、手势等表达某种意志的语言形式。比如舞蹈家的舞蹈动作、聋哑人的手势、指挥家的指挥棒，这些都通过丰富、深刻和强烈的内涵来反映主体的性格和内心活动。法官的动作语言和神态虽然不能像舞蹈家、指挥家那样丰富，但法官的行为语言直接作用于结果，能够给当事人带来公正审判的体验教育，因此动作是不能被忽视的。现在的法院，法官和当事人经由不同的通道进入法庭，尽量减少双方在法庭以外的直接接触。有这样一件事：开庭前，法官走进来，一方辩护人是他的同学（这其实是很正常的一件事），这名同学上来就和法官握手，这一举动立刻引起了对方辩护人的注意，称二者有关系，并质疑为什么握手。后来法院就要求法官尽量避免出现这种情况，即使认识也要装不认识，如果法官不得不握手，也要记得和另一方握手，减少怀疑。法官的行为语言看似简单，但是会有影响。另外，法官在审判活动中要注意观察，法院要求书记员记录，书记员是要察言观色的，当事人有什么表情和动作，都要记录下来。这种行为语言和我们的工作是有直接关系的。法官和当事人的动作都会传达一定的内心意思，比如双手放在台上身体往前倾、注视对方，往往表示在认真倾听；比如手扶在椅上、目光朝前是在表示一种放松的情绪，他可能对你说的话不屑一顾，或者说有证据反驳；比如单手或双手托腮、凝视对方，表示特别关注对方；边翻卷宗边进行陈述，说明缺乏自信，证据还不够扎实。可见，行为语言也是很重要的。本人曾经试图把法官出庭或者检察官出庭的一系列动作整理出来（例如卷宗怎么拿、步子怎么走），但是发现很难做。只能要求大家注意行为语言在关键场合的影响，避免在法庭上失态。此外，在审判活动中法官要保持特有的对人对事的大度、包容与和善，这需要法官在工作过程中注意行为语言的运用，它虽然不像书面语言或者口头语言那样能直观引起人的反响，但从某种角度来看，行为语言有时候比书面语言、口头语言还重要。就像前面介绍的法官和一方辩护人握手的情形，即使之后用很多口头语言或书面语言和当事人做解释工作，也很难挽回影响。

本人认为，行为语言、书面语言、口头语言在审判活动中同等重要，这三种语言在审判活动中也会同时运用，所有的法律工作者都必须熟悉这些语言的规律，灵活地掌握法律实务工作的方法。

三　处理审判语言表达中的几个关系

认识审判语言的特点之后，还应该认识审判语言的作用，审判虽不是艺术活动，但是艺术地运用语言很关键，处理好审判活动中的各种关系是非常重要的。

第一，权威不等于命令。我们讲法律权威、法治权威，法院和法官具有一定的权威，但是命令和权威是两回事，法院和法官的权威不等于身份，而是源于司法权的公正性。法院、法官具有的权威是法律赋予的，树立法院、法官权威的关键在于秉公办事、严肃执法，用强制力保证法律的实施。它不是法官的高声恫吓，必须有法有据方会有权威，一味地强制命令往往会使命令偏失，缺乏有效的公信力，当事人也不会买账。比如有的当事人反映法院的法官不让说话，这就是法官把“我不让你说就是不让你说”这种命令当作权威了。法官的权威源于法律，是法律的权威性，而不是强迫命令就会取得权威。

第二，调解不等于放弃原则、和稀泥。现在法院特别强调“调解”，最早是民事诉讼活动过程中提出要“调解为主”，把调解工作放在最主要的地方来做；《民事诉讼法》制定后把“调解为主”改为“着重调解”；在现在和谐社会建设中这一原则变为“能调则调，当判则判，调判结合”。个人认为这涉及原则问题，片面追求调解的数目是不对的，我们不能为了调解弃法于不顾、放弃原则。只顾和稀泥，当事人并不能服判息诉、案结事了。在调解过程中和稀泥可能会得到一时的好处，但实事求是地讲，这种做法与法治社会的原则不相符合。

第三，法言法语不等于高深莫测。现在我们法院、检察院的工作人员绝大多数是法律院系毕业的学士、硕士，甚至是博士，运用法言法语的能力是很强的。法言法语以法律为核心内容，应当是简洁、准确、严谨的。这是由审判工作的特点决定的，也是衡量法官、检察官基本素质的一个方面。但过犹不及，我们忌讳法言法语的滥用，有些法官把法言法语说得自己的同事都听不懂，更别提老百姓了。来打官司的老百姓很少真正明白权利义务关系、法律关系的真正含义，所以应该将法言法语更多地“翻译”成普通群众能够接受的语言。

第四，灵活不等于随意。审判活动是多变的，应该灵活地运用法律解决诉讼活动中的问题，但这不等于随意，法官应维护法律尊严、维护公平正义。

四　裁判文书及其问题研究

裁判文书是由人民法院制作的，涉及各类诉讼活动的发生、进行和终止，确定当事人的诉讼权利和实体权利的一种司法文书。裁判文书有几个特点：第一，它是法律活动的公文；第二，它是审判机关制作的公文；第三，它是依法按照统一的规范格式制作的文书，最高人民法院、最高人民检察院关于公文格式都有相关规定；第四，它广泛运用于各类案件的处理，立案、受理过程都有相应的文书；第五，它具有法律效力，包括强制执行的效力，即法院的裁判文书可以作为执行依据。上述五个方面是裁判文书的基本特点。

裁判文书公正价值的实现涉及几个关键词。第一个是公正，具体包括实体公正和程序公正，一个案件的审判过程和之后裁判文书的写作都要体现这两个方面。第二个是价值，具体包括司法价值、社会价值和人格价值。第三个就是实现。如何实现公正，实现价值？应该如何看待裁判文书？怎么理解其中体现的公正？裁判文书是如何实事求是或客观地反映问题的？对此，我们不应片面地只看到积极的一面，还应真真正正地解决当前裁判文书存在的一些问题，这是实现公正价值的一个重要方面。第四个是制作，每份裁判文书都要逐字地书写，这一过程非常重要。第五个是审批，实践中，庭审法官制作的裁判文书，还需庭长、院长逐级审批，这也是实现公正价值的过程。但是很多人往往忽略了审批的价值，有的院长、庭长愿意做文字的修改，而有些就是直接签字，个人认为后者是不负责任、不实事求是的做法。

（一）裁判文书的历史改革

裁判文书有很长的历史，现在司法部门越来越重视其写作的质量，社会民众更多从它的内容来看司法裁判的公正性。但是我们绝大多数的法律院系没有裁判文书课程，而我知道法大有开设此类课程的传统，记得20世纪80年代本人在法庭做庭长的时候跟大学同学交流过裁判文书写作问题。很多学生是当了法官、检察官以后，在工作过程中才接触了裁判文书。随着对它重视程度的提高，现在法院、检察院逐渐重视裁判文书的说理，并以此来评价裁判文书的优劣。但本人觉得还不够。

中国历史上很早就有判决记录。根据资料，1975年陕西出土的一件西周晚期青铜器，铸有关于裁判文书的铭文，时间应该在公元前700多年；在湖北云梦县出土的公元前200多年前的竹简上也有大量法律条文和司法文书的记录。然而在秦到南北朝这段历史中，没有发现保留的裁判文书。重要原因在于当时社会认为裁判文书虽然是处理政治事务的重要凭据，但缺乏文学艺术上的价值，所以几乎不被记录。到了唐朝，为了促使部分文学人士重视判词写作，在科举选拔中增加判册的内容，用拟判来区别实判。宋朝又发生了很大变化，出现了实判的专职，但宋朝判决书的写作多用散体，没有统一的公文格式要求。明清司法文书多，判词有专门的文体，其中一些特别注意分析证据、阐明事实，这对现代裁判文书有很大的借鉴作用。清末沈家本编写的《考试法官必要》对判决书格式和写作内容都有要求，例如要有罪犯情况、犯罪事实、证明理由等。到了陕甘宁边区时期，裁判文书形成了固定的格式，并延续到新中国成立以后。“文革”结束后，颁布《刑法》《刑事诉讼法》，1982 年颁布了《民事诉讼法（试行）》，1989 年颁布了《行政诉讼法》——三大诉讼体系基本形成，对诉讼文书有了更明确的要求。例如，1980 年以前在刑事判决中所称的“罪犯”，1980 年以后改成“被告”，现在变为“犯罪嫌疑人或被告人”。此外，从对犯罪提起诉讼之人的法律称呼上，也能够看出我国法律文书的变革过程。1990 年以后最高法对司法文书规范做了较大修改，提出了统一的要求和标准，并规定了统一格式。到了 21 世纪，诉讼文书改革成为司法改革中的重要一环，要求增强裁判文书的说理性，加强论证分析。这是关于司法文书发展过程的简介。

（二）裁判文书在审判活动中的价值

第一，裁判文书是法律的核心内容——公平公正的体现，裁判文书是最高法律效力的保障，因为它从程序的启动到终止都发挥着作用，有了裁判文书才可以启动一个程序，从一个阶段到另一个阶段的过渡也需要裁判文书来体现。比如强制执行和终止诉讼程序都需要裁判文书。第二，裁判文书是法官意志的体现，体现法官的自由裁量权。比如《刑法》规定某一罪名应该判 3 年到 5 年的有期徒刑，法官裁量权体现在具体是 3 年、4 年还是 5 年，或者民事审判中赔偿数额。虽然目前社会不愿表述法官的自由裁量权，认为应当依法办事，但其实在一定条件下，“法官造法”也是法官意识的体现。法官造法是运用法律的意识来判案，比如海淀法院判过一个行政案件，一个大学生告钢铁学院。在这个案子中我们运用正当程序理论来判案，其实在行政诉讼中并没有关于正当程序的理论，其只存在于理论研究中。法官运用它来判案实际上就是法官意志的体现，是法律局限性条件下的法官造法。第三，裁判文书是案件执行效力的依据，执行要依据裁判文书。第四，裁判文书是对民主法治的宣传以及自身形象的展示。比如南京一个老人被绊倒了，另一个人扶起来，这个人是见义勇为学雷锋还是伤害他人，法院判决的影响就非常大。天津也有类似案件，法院最后判扶人者需要赔偿。这里不评价判决对错，但法院的判决结果确实会给社会带来很大影响。

（三）裁判文书的问题剖析

目前来看，裁判文书的问题很多，其中主要是“千人一面”和“不说理”，这导致文书缺乏说服力，严重影响公众对司法的印象。问题产生的原因是我们理念上的误区，司法工作者对文书的制作在认识上有偏差，这与现代司法理念的要求不相适应。

第一，我们要走出裁判文书是庭审完结之后的一项独立工作这一误区，应当将裁判文书贯穿于立案到结案审判的全过程。很多法官在案件判决结束后才开始构思文书写作，从流程看没什么问题，然而问题在于很多人把文书写作同案件审理的各个过程完全隔离，不联系上下阶段工作，在制作文书的时候就暴露出很多问题。把每一阶段的工作都孤立起来，缺少连贯性，例如，在调查取证时，很少考虑各个当事人陈述之间的联系，在法庭质证时又不考虑调查取证的问题。合议前的各个阶段都应当为制作文书做准备，如果割裂开来，写判决书就难免成为堆砌文字，无话可说，这样很难考虑周到。裁判文书是庭审结果的集中体现，是法官审判思路、判决能力的体现，应经过长时间构思和反复修改。只有从调查开始就打腹稿来酝酿，才能把裁判文书写得严谨通畅、说理透彻。

第二，走出着重写好裁判结果而其他部分可以略写这一误区。一般刑事判决书就是判处被告人某项罪名、判多少年的问题，婚姻案件判决书就是准予离婚或不准离婚的问题，赔偿判决书就是赔偿数额的问题，大家都对主文部分认真斟酌，但对事实理由的关注不够。审判程序过程的公正性不能忽略，只描述裁判结果而忽视过程是不可取的。想把作为主文的裁判结果写好，对当事人的争议焦点、事实根据、证据证明力等都应该准确描述，层次递进，这样才能最终形成公开公正的裁判结果。

第三，走出裁判文书只是写给当事人看的误区。要明确树立裁判文书是显示法官魅力和裁判水平、弘扬正气、宣传社会主义法治、树立司法公正形象的重要载体这一观念。裁判文书不仅是给当事人看的，同时也在向社会彰显公平正义。除了涉及个人隐私和国家秘密等，裁判文书都要公开。即使涉及国家秘密、个人隐私等的，过程不公开，结果也需要公开。裁判文书是面向社会的，从裁判文书的主体来分析，不同的主体对裁判文书都是有需求的。制作主体即法官。权利主体应该是指案件当事人，通过裁判文书享有某种权利，履行某种义务。效果主体是社会生活中一切自然人、法人、非法人组织，虽然它们与争议内容没有直接利害关系，但可以通过裁判文书来了解国家导向。比如媒体经常宣传遇到老人摔倒该怎么办，法院判决确实彰显了社会应追求的主流做法。从这三个主体看，它们各自对判决书都有需求，所以说判决书不仅仅是给当事人看的，判决书所反映出的全部社会需求都不能忽略。社会对裁判文书的制作也越发重视，并通过裁判文书来审视法官能力、裁判结果和司法公正。

第四，走出修改文书时查阅卷宗的误区。具体而言，裁判文书要给庭长、院长看，经签发才能确定，实务中都是将判决书连同卷宗交给院长、庭长，这存在一定的问题，对于判决书，如果专业人士都看不懂老百姓怎么看？过去有人看不懂就翻卷宗，然后帮审判人员修改，我觉得这无益于裁判文书制作水平的提高。对于裁判文书的事实证据、适用的程序、法律问题，都应该让法官写清楚。如果直接修改可能会发生失误，因为签发者并没有直接审理案子，这也是我们在审判活动中强化合议庭作用的原因。

第五，走出为了防止失言而写得“越简单越好”的误区，要培养裁判文书叙事说理严密充分的能力。现在有些法官担心言多必失，认为写得越简单越好，不注意写作质量。我认为，裁判文书叙事说理是一个严谨的过程，不能随意简化。虽然说我们现在对裁判文书没有统一的格式要求，但一定要把道理讲清楚，说理要充分，引用法条要准确无误，说服力要强，这是对裁判文书的基本要求。裁判文书中的一些基本要素是不可回避的、不能减少或省略的，例如一切可证明后果、动机、目的的情节；当事人提供的每一份证据，包括证据来源、取得证明、当事人对证明的不同意见；证据和证据之间的关联；对每一项证据的否定与认定的明确详尽意见；基于事实、证据、法律层层剖析的充分说理；深入浅出、系统缜密的逻辑推理；所援引的法律……这些都不可缺少，且要全面具体。认为裁判文书的文字简单些少些，出现问题的概率小，挑毛病的机会也少，这种观点只是个别文书制作人的侥幸心理。别人挑毛病，不是文字多少的问题，而在于我们说理不说理的问题，所以要打破越少越好这个错误观念。

第六，走出裁判文书处理实体问题却忽略了其中程序内容的误区，要使裁判文书反映整个审判活动的过程。我们说要使裁判文书体现公正价值，公正价值不仅包括实体公正，也包括程序公正。程序内容可能无法通过文字表现出来，但是裁判文书的内容结构要反映案件来源和结案的情况，要反映提审、结案等诉讼活动的过程，要反映出当事人出庭的情况，要反映庭审活动当中程序转换的过程以及合议庭组成人员，等等。

下面我给大家具体介绍一些裁判文书不说理的表现。需要注意的是，刑事裁判文书和民事裁判文书既有一些共性的东西，也有一些个性的问题。

刑事裁判文书的不说理，往往会形成一些套话，或者形成一些惯用语言。我将其大概分为这几类情况。

第一，“依法”搪塞。针对被告人陈述的事实、理由及在庭审中的辩解，裁判文书中通常会写“被告人的辩解没有法律依据”或“被告人的辩解与法律不符”。用这样的话来反驳被告人意见，从文字表述上看好像没什么问题，但是对被告人无理的辩解，不能只说没有法律依据，而是应当以法律为准绳，以法学理论为基础进行深刻、全面、客观、公开的分析，给出正确的推导、深刻的批驳。只写一句“没有法律依据”，是一种“依法”的搪塞，我们不能以“法律”为幌子，而应当在认真解读法律、阐述法理的基础上，真正做到讲理，写明认定被告人的辩解没有法律依据的原因。

第二，置之不理。刑事裁判文书中，针对被告人陈述的事实，自诉刑事原告人和刑事附带民事的原告人、被害人的诉讼请求，以及他们针对事实提出的证据或者证据线索，合议庭有时以“本院不予支持”或“本院不予采信”等类似表述来回应。虽然这能体现出法官的果断态度和鲜明观点，但其本质是对法律、对当事人诉权的一种漠视。只说不予采信、不予支持，不展开具体的表述是行不通的。对于诉权的重视和尊重，实际上是对人权的尊重。当今的《宪法》《刑法》《刑事诉讼法》《民事诉讼法》，都谈到人权问题。对于歪曲事实、无理无据的请求，与本案无关、与事实没有必然联系的证据，法官可以说不。但是说不的理由是什么，需要明确。

第三，责任倒置。当辩方对控方指控的事实提出异议、进行反驳、阐明辩方主张的时候，有的法官不论主张是否有可取之处、是否能够撼动指控的事实、是否能证明控方的事实存疑，仅在判决中写道“辩方没有提出相关证据佐证”“辩方没有提出新的证据”等内容，以此来一概否定辩方的异议。这种表述看似是对辩方无理陈述进行彻底批驳，但是在刑事判决中，对于辩方提出的反驳意见，实则应当由控方来举证。因为在刑事诉讼中，让被告人提供证据是比较困难的，比如说刑讯逼供问题，被告人往往无法提供刑讯逼供的证据。然而让警察提出不利于自己的证据也是很难做到的，所以现在诉讼活动正逐渐改变这种做法，要求讯问时全部录像。当然，这涉及举证责任如何分担的问题。

第四，先入为主。针对指控的事实，辩方可能提出相应的证据进行反驳，但有的法官不采纳辩方主张，其理由常常表述为“提出的证据和理由不能与控方的证据相对抗”，然而为什么不能对抗则没有讲出来。这种表述有两方面值得考虑，一是双方都提出证据本身就是一种对抗的形式；二是法官的本意不是不让对抗，而是想说明双方证据证明力的力量对比——控方和辩方的证据证明力不一样，辩方明显弱于控方——但是并没有阐述辩方提出的证据为什么不能与控方的对抗。所以造成这一问题的根源除了控辩双方证据证明力的对比之外，还有法官先入为主地认为辩方的人格低于控方。

第五，无本之木。法官都知道对证据合理性的审查范围包括证据来源，所以在质证和认证过程中，裁判文书常会有这样的表述——“证据来源合法”“本院予以确认”，却没有解释为什么说证据来源是合法的。有一个案子，可以充分说明证据来源审查的重要性。有一个人三更半夜躲在小区的花丛里，结果被民警发现带到派出所。正好那天发生了一起入室盗窃案，最后该案起诉到法院。审查过程中，我们要研究如何证明此人进行了入室盗窃。我翻阅了公安机关提供的现场勘验笔录，里面有被盗窃房屋的窗户、门和抽屉的破坏情况，指纹对比情况……但是恰恰没有现场提取指纹的记录。勘验笔录没有提取指纹的记录，说明证据链中间是断的。没有记录，指纹对比从何而来？后来公安机关提供一个说明，解释说在哪儿提取了指纹，因为记录失误而没有写进去。本人认为这个不能成为证据，因为原始现场勘验笔录没有提取指纹的记录，即使提供说明，也是没有道理的。如果法官在质证认证过程中没有审查，那就是法官审判过程中的重大失误。如果裁判文书里没有讲明证据的审查，那就是法官在认证上的疏漏。不管是失误还是疏漏，只要裁判文书没有反映出证据来源的合法性，那就是有错误的，就是无本之木、不说理的表现。

第六，不质而认，即有证据但不通过质证而被认定的情况。按照当前审判方式改革的要求，佐证事实的证据必须经过法庭的公开举证质证，才能作为定案的根据。但有时法官在制作文书时，对控方的证据会做基本的列举，但对辩方质证以及辩方提出的质疑做不到逐一分析判断，一个是不列举辩方提出的证据；另一个是虽然列举辩方的证据，但是不叙述控方的质证意见：这就是不平等地对待控辩双方。认真追究起来，这是一种违法审判。体现在裁判文书中，就是不讲理的做法。

第七，偷换概念。在对被告人施以刑罚时，对法定从轻、减轻和从重情节必须全面考虑。对犯罪预备、未遂、立功的表现，以及共同犯罪的从犯、未成年人的犯罪、犯罪自首等情况，都有相应的从轻、减轻甚至是免除处罚的法律规定。裁判文书的不说理表现为："某某的行为属于犯罪预备应当从轻""某某的行为属于犯罪未遂应当依法减轻""某某有立功表现酌情给予从轻判处"——只是给出一种轻判的结果，把原本应判 7 年有期徒刑的改为 5 年，却不讲从轻、减轻、免除处罚的原因，比如为什么选择了从轻而不是减轻或免除，这种没有针对性的说明，实际上就是不全面解释"选择理由"的表现，是一种偷换概念。

第八，犯罪主体表述缺失。犯罪主体是犯罪构成的重要方面，但是判决书对主体身份的认定表述往往弱于对其他犯罪构成的表述，有的甚至不表述主体身份。比如对于应当按照国家工作人员论的职务犯罪来说，常常表述得过于简单，这也是"不说理"的体现。

第九，貌似合理的表述方法。在刑事附带民事案件的赔偿问题上，有的法官对于附带的民事判决，常常以堂而皇之的理由来肯定或否定当事人的索赔请求。例如，当法官认为受害人的赔偿理由不充分时，常常会作出这样一种表述，即“合理的部分予以认可”“民事诉讼原告人提出的赔偿请求过高”，用这样的方式来回应原告人和被告人对赔偿数额的分歧。这种不说理的方式，看似合理，实际没有给出标准，仅说要求过高而不赔，但是对于高多少、不高的标准是什么，没有给出说明，个人认为这难以体现公平原则。

下面再具体谈谈民商事裁判文书中存在的问题。衡量裁判文书的质量除了写作的文字标准之外，更多地应从裁判文书保证执行的效率来看其是否说理。裁判文书没有办法执行，就说明裁判文书写作有问题，接下来对几个案例进行分析。

第一个案例是文字表述不清、执行金额不明，使得案件难以执行。有一个合同纠纷案件，12 个人作为共同原告，被告是一家油脂公司。原告主张判决被告给付生活费和租金，最后双方达成了协议，法院的调解书也写明：“被告于某某时间给原告张三李四王五赵六等十二个人生活费三千伍佰元，租金八百元，如逾期不能给付，双方终止租房合同。”然而，这里面有几个错误的表述导致判决无法执行。首先，到底是给这些人一共 3500 元，还是给每个人 3500 元，这从文字上无法分辨。后面“如逾期不能给付，双方终止租房合同”的意思是如果逾期不能给付，要解除租赁合同，但没有说明解除租赁合同后被告是否还有继续履行给付的义务。如果不能给付并解除租赁合同，那么之前的义务由谁来履行？这些问题使得执行法官无法执行。

第二个案例是对执行标的数量、规格、品种等必备要件叙述不清，导致案件无法执行。案情如下：原告和被告离婚，法院判原告张某给付被告木箱一个、牡丹电视机一台、皮夹克一件。看似清楚明白，但执行当中却遇到难题，因为张某拿出一个市场里随处可见的普通木箱、一个黑白的牡丹电视机和一个小孩的皮夹克，对方主张木箱应该是樟木箱、电视机应是彩色电视机、皮夹克是价值多少钱的衣服。这个案件是因为对标的物的规格、品种、数量没有确认，执行法官无法执行。

第三个案例是遗漏应当执行的具体行为标准，缺少必要的可操作性，使得案件无法执行。原告和被告因为物业纠纷发生矛盾，最后法院判决，判决生效 15 日内，原告应为被告修复房屋，被告向原告交纳物业费。这虽然看似合理，但是在执行过程中会有一系列问题：修复的标准是什么？怎么修？多长时间能修好？修完之后如何验收？这些问题的不清楚导致修复缺少客观标准，所以该案也无法执行。

第四个案例是裁判文书因为缺乏权利主体而无法执行。原告王某把餐厅房屋租赁给被告李某，由于李某违约，王某起诉要求李某将东西搬走，腾退并返还房屋。法院判决要求李某在判决生效后 10 日内搬出王某餐厅。这个判决的问题在于：李某可以搬出去，但是由谁来申请执行这个判决？原告来申请？但是法院只是判决了被告搬出去，原告没有明确的执行依据，这在执行中会遇到障碍。

第五个案例是裁判文书主文因为没有明确的执行内容而无法执行。一家房地产开发公司起诉一家广告公司，该案涉及房屋租赁合同。被告在租赁期间不能按时交纳房租，原告主张判决被告补交全部欠款，腾空房屋，并解除租赁合同。法院经过审查，认为原告所诉有理有据，故判决解除双方所签合同，被告补交所欠的全部租金，然而法官却没有在判决中写清被告腾退房屋的内容。后来被告以法院判决书中没有规定为由不腾房。租赁合同是解除了，但因判决书中没有明确执行内容，执行法官很难执行。

第六个案例是调解文书逻辑混乱，导致调解结果无法执行。被告张某因为故意伤害罪被判处有期徒刑 5 年，被害人因为未能参加诉讼，故在刑事诉讼结束后提起民事赔偿诉讼，要求被告人赔偿伤害所造成的经济损失。经过庭审，双方达成协议，法官在调解书中写道："双方达成如下协议调解：1. 原告某某某放弃对被告某某某的指控；2. 被告某某某委托其兄将吉林省某市某区某地的三间房屋卖掉以赔偿原告损失八万元。"严格说起来，这段话有些问题，一是对于民事诉讼的私权之争，法院是不告不理的，按照调解书第一项内容，原告放弃了对被告的指控，那法院就没有必要再审了。第二项的问题在于，判决书没有表述被告与其兄间的委托关系是否成立。如果被告要委托其兄卖掉房子，他的兄长没有接受委托的义务，如果兄长不接受委托，就无法卖掉这个房子。因此，这个裁判文书之间的逻辑散乱了，就产生了矛盾点。

第七个案例是判决主文确定的执行内容脱离实际，没办法执行。原告向被告购买的洁具不符合合同要求，原告起诉要求更换洁具，法院也支持了诉讼请求。法院判决："本判决生效后三十日内，被告将原告购买的四十五号别墅内不符合合同约定的卫生洁具更换为进口美标牌卫生洁具，逾期不履行，按市场价格付给王某某折价款。"这样一个判决，看似写得很清楚，时间、地点、卫生洁具品牌都有，但执行当中却遇到很多问题。一是因为当时美标牌卫生洁具只有合资生产的，没有进口的，所以就没办法购买进口美标牌卫生洁具；二是需要更换的卫生洁具没有规格、品质的要求；三是既然品质和规格没有明确，那么价格也没办法明确，就没有办法照所谓的价格折价。因此，这个判决无法执行。

以上七个案例，说明民商事裁判文书当中不合理的地方会导致判决无法执行，民商事裁判文书中的表达决定了裁判文书的质量，这应该引起重视。

五　裁判文书的说理问题

最后再简要谈一下裁判文书的说理问题。裁判文书就是讲道理，当今司法文书改革最重要的也是解决说理问题：说什么理？怎么说？这是应该明确的。下面将裁判文书需要说的四个理归纳如下。

第一是事理。就是要把事情说清楚了，例如原告所诉或检察机关所指控的犯罪具体是什么。这个"事"看似简单，但现实生活中不是那么简单的。这个"事"包括两大要素，分别是自然要素和法律拟制要素。自然要素是指客观的形态，具体包括七个要素，即人、时间、地点、情节、动机、目的、后果，要把事说清楚，就要把这七大要素讲清楚。法律拟制要素包括除了自然要素的其他要素，这要根据各个案件的不同情况、所适用的不同法律来进行调整。比如说对某一类犯罪案件，存在法律拟制要素的身份问题——是未成年人还是享有公权力的人？因为对于未成年人的犯罪、渎职犯罪、经济犯罪，法律对犯罪主体是有明确要求的，所以必须说清楚法律拟制要素。

第二是法理。作为一门学科，法理是形成一国法律或其中某一部分法律基本精神的学说。不同于法理学，这里的法理要求法官在制作裁判文书过程中根据认定的案件事实援引法律条款，要将援引的法律条款的原理意义阐释清楚。这个说清楚不能用套话，应该用就事论事的方法来代替说理，要按照法律的观点来分析，不能用结论代替说理。比如在离婚案件中，我们常常用结论代替说理，比如说“感情确已破裂，准予离婚”。任何一个案件的基本归结点都是“感情确已破裂”，讲法理不能简单这样讲，而是需要对法律规范的适用、引用法律的缘由、新法旧法的交替、同层级法的冲突、专业性法律规范和地域性法律规范的冲突等这些问题通过法理进行明确。

第三是情理。情理常常被人们认为是最不靠谱的事，但个人认为裁判文书必须有情的因素。情理在人们日常生活中无处不在，任何一个人都有喜怒忧思悲恐惊这七情，对任何事物和社会现象都会表露出符合自己本能和需要的感情，不同人对相同的事会有不同的反应，作出不同判断，所以情是无时无刻不在事情中表达出来的。大家公认的理应该是一种常理，它不是别人的问题，而是代表了公共性。这样认识情理的特点，在裁判文书中才能把情的因素考虑进去。另外，虽然情理不属于法律规范的范畴，但个人觉得裁判文书不能回避情理。有人认为法理无情，但法理是有温度的，包含了情的因素，比如说从轻减轻处罚，是法律规定。但是这种规定是基于情产生的，对未成年人要轻判，为什么呢？它是考虑到未成年人在成长过程中的失误，所以要进行减刑，它本身是基于情产生的。对残疾人的犯罪要从轻减轻处罚，限制对孕妇采取强制措施，都是基于情产生的。所以说裁判文书是不可回避情理的。讲事理是要别人有所信——相信你所说的事是真的；讲法理是让人有所知——知道法律是这么规定的；讲情理最重要的是让人有所动，有所动容、有所动心，在晓之以理、动之以情的伦理道德公序良俗方面有所行动，判决结果才能真正被接受。

第四是哲理。哲理是关于宇宙和世界的原理。哲理不能像法理、情理、事理那样用文字的形式表达出来，更多的是一种价值论、一种方法论，指法官在裁判案件过程中用哲学的方法对案情进行分析判断。在书写文书过程中，文章的逻辑结构反映了法官的思维和逻辑方法。若只讲法理、事理、情理，而不讲哲理，怎么能够把文章写得通畅、逻辑性强又有感染力？

综上，裁判文书讲理要讲这四个方面的理，只有这样才能够把文书写得合法顺畅，有说服力。

法律与语言

——两个博大精深的领域*

北京知识产权法院　宋鱼水

编者按： 法律离不开语言，司法实务同样离不开语言。宋鱼水法官从实务角度出发，对此前的一些调解案例进行总结，并对自身承办案件的判决书进行思考，从中探讨调解的艺术和裁判文书的说理性，这既体现了两个博大精深的领域——法律与语言——的深度和宽度，又展现了两个领域结合的魅力所在。法律和语言这两个领域都是博大精深的，如果把法律和语言的复杂体系研究清楚了，把法律和语言这两个加在一起再说法律语言的话，会特别鲜活，既有深度又有宽度。

一　法律与语言的关系

关于法律与语言的关系，我先分享几个例子。台湾陈水扁案的判决书相信大家都在网上看到过。从法律语言的角度或者是法律的角度来看，我们会发现台湾地区的判决书有很多咱们传统的古文字风格。还有洪秀柱退出竞选的演讲视频，她演讲得非常好，但这么一个优秀的演讲者为什么不能成为一个成功的竞选者？听众的需求是什么？语言到底有多大的魅力？或者说当你跟一个人去交流的时候靠什么征服他？大家在这个层面上尽可

* 本文根据宋鱼水法官 2015 年 10 月 22 日在中国政法大学“法律语言研究”课堂上的讲座录音整理而成，收入本书时略有改动。

能思考一下，思考法律与语言的关系，到底语言是手段、法律是目的，还是法律是手段、语言是目的。

接下来我再举伟大领袖毛主席的例子。有一年海淀法院练兵，我们坐着火车去了井冈山，井冈山法院的人给我们讲了很多毛主席的故事，其中最重要的就是关于毛主席的语言。毛主席不是为了语言而语言，而是要把井冈山的火种点起来，同时传遍中国大地。但那个时候参军的人和听众的文化水平都不高，当你对一些没有文化，小学一、二年级都没毕业的人去演讲的时候，你的语言应该是什么样子的？就是要考虑听的人能不能听懂，听懂后怎么样能够记得住。毛主席文笔很好，蕴含历史、哲学理念，但是如果讲完之后当地的老百姓听不懂、军人听不懂，他就会不停地去改，让大家不仅听得懂，还要爱听。当年的"三大纪律、八项注意"大家都能听懂，甚至编成了歌，更有感染力了，这首歌人人会唱的时候，我们军人跟老百姓的关系是不一样的，这不简单。我有一次去贵阳，和贵阳人民法院及《人民法院报》的同志去遵义考察，因为高速公路修路，我们必须走山路。我们想去洗手间，但山路上是没有洗手间的，后来到了一个老百姓家里。当时是 2000 年以后了，但是这户人家仍然没有卫生间，上厕所就是去猪圈里。当时我突然意识和领悟到一个问题，就是当年的红军长征住在老百姓家里，可不是一宿或者上趟厕所的时间，而是在长期的艰苦条件下，翻山越岭，跟老百姓在同一个炕头上、这样一个猪圈里，去革命去抗争去打拼。所以在这样一个过程中，他们对百姓语言的理解，或者说通过那种感同身受迸发出来的情感激情，是不同的。什么是有激情？什么是有灵感？灵感来的时候，你会下笔如有神；没有灵感，一个字儿都蹦不出来。我们也是，在工作的时候不是你天天坐在那儿，因为水平高就写出个东西来，而是这个案件触动了你，你突然感到水到渠成，可以连夜写出稿子，这就是迸发。

最近习近平主席正在访英，可以看到，无论是去美国还是去英国，我们都受到了最高的礼遇，多少年的积累才让我们现在有尊严，有大国的气场，有大国的文化。那么中华民族伟大复兴和中国梦，大家知道从语言的角度它们两个是什么关系吗？我此前有幸参加了全国总工会的"五一"座谈会，亲自听了习近平总书记讲话，最大的一个启发是：中华民族伟大复兴听起来特别“高大上”，但是如何让亿万人民都参与到伟大复兴的建设中来，百姓的语言是什么，习总书记特别强调，就是中国梦。人人都有一个中国梦，个体的梦和国家的梦联结到一起的时候就会铸成一个伟大复兴之梦。所以说，中国梦就是中华民族伟大复兴，二者是画“等号”的关系，但是如果换成语言的话，有些场合下我们要讲“中国梦”，有些场合下我们要讲“伟大复兴”。

刑诉法修改之后我们打造以庭审文化为主体的辩论文化、以庭审为中心的审判，一切围着庭审转。那么，田间地头又放在哪儿呢？我认为，庄严法庭里的审理好比一曲交响乐，它有前期的证据交换、述辩称，有中间的庭审、辩论，有收尾的诉讼请求，还有判决书——法庭跟教室差不多，庄严的情况下有庄严的美。但是还要考虑它是否具有普遍性。我记得在特别强调不能单独接待当事人而必须座谈办案的时候，有一个丹巴法院（川藏之间，特别偏远）的同志来北京，他和我交流的观点是：他们那儿的当事人背着干粮走一天才能走到法庭来，因为离得太远了，如果在法庭里办案的话当事人晚上又回不去，还得住一宿，成本太高，当事人又没钱，他们如何实现座谈办案？其实不仅是这种情况，我们国家还有牧民，现在随着畜牧业的繁荣、人口的增多，过去地和地之间是不需要划界的，牧民一年四季跟着牛羊跑就行了，但现在可能就需要法律上的边界了。类似的情况、纠纷，是没有办法实现这种庭审模式的，所以我们还有一种背着国徽下乡的审判、田间地头的审判。我觉得我们要捋清楚职业化的发展过程，既要实现职业化又要解决问题。我们要建设法律，而不是说在一个句号下去实现法律，建设法律是一个特别复杂的过程，问题是我们处在不一样的方位，所以建设的起点一定是不一样的。

党的十七大、十八大、十八届三中全会和十八届四中全会的报告体现了我国法律的发展。党的十七大报告集政治、经济和文化的思维完成，写得很好，但法律只是报告中的一部分。党的十八大报告发生了变化，它是用法律的思维去完成的，而不仅仅是用经济的思维、文学的思维或者政治的思维。法律的思维和其他思维有什么最重要的区别呢？法律是治国理政的方略，法律讲究体系、布局、逻辑和严谨性，就是每章每一个部分一定要上升到制度的层面，权利义务比较清晰。党的十八大报告体现了我国法律体系的布局。法律除了讲究逻辑体系之外，还讲究说服，党的十八大报告体现了这一特点：它会引经据典，有说服的理由，有说服的结论。在这个基础上，党的十八届三中全会和十八届四中全会对法律的部署做了一些具体的拓展。党的十八大提出了“法治中国”，包括立法、执法、司法和公民法律建设四个部分，这是法律必须涉及的四个部分，强调所有的政策在执行的层面上都要转化为法律，这是质的变化。举个例子，知识产权法院成立的时候应该管辖哪些案件？成立知识产权法院是在党的十八大报告国家创新体系部分里提到的，再转化到它管辖哪些案件，则是由全国人大常委会来决定的，授权我们管辖的案件范围之后最高院、高院紧接着开始进行具体的部署，所以研究法律语言要从立法到执行寻找出规律，这样才能在做具体工作时有一个体系的对接，有宏观的统领。

我在海淀法院当庭长的时候，庭里进了很多研究生，他们文笔都很好，判决书也写得很美，但是当事人还老来找我告状，我老要接待当事人，当事人还愤愤不平的，所以我就在思考为什么。我看判决书的时候觉得既有理有据，又有文采，但是为什么当事人不服呢？判决书到底要选择什么样的语言？思考的时候，书本给了我启发。大家知道，德国是一个产生哲学家的国家，在一个讲究哲学的国家里，它的语言是比较追求逻辑性的，他们的逻辑比较严谨，《德国民法典》的体系就比较不一样。至于法国，我记得有人介绍《法国民法典》的制定过程，它是由四个懂习惯法、懂成文法、参加过法国大革命，有这样一些背景的人用几个月时间完成的。这部民法典不仅在法国，而且至今在法国的殖民地都有影响力。很多法国文学家都说，晚上读几条民法典的条文。为什么呢？是为了完善自己的写作风格——朴实而细致。接下来我们要思考一个问题：为什么一个政治家，像拿破仑这样，如此重视一部民法典？试想，在政治抓住法律的同时又讲究法律语言的浪漫、朴实和细致，能让老百姓像喜欢读文学作品那样喜欢读这部民法典，那这个国家民法典的生命力会是怎样的？我们有时会从法律的层面上研究它的诸多法律上的不足，这就是国与国之间的比较，但是我自己认为真正的比较应该是法律文化、法律语言，或者是完全脱离了法律的文化的比较，甚至是生活上的比较。因为当法律已经成为一种生活习惯的时候，它已经跟人有关系了。如果基于这样的理解，每个国家有每个国家的特色，它们的表达方式是不一样的，但是最重要的是我们要表达出人民喜爱的语言，即便是法律语言也是如此。

讲究情理的想法一直贯穿我国古代封建社会始终，民国时期北洋政府里的大多数人还是脱胎于旧王朝、坚持传统，就是与传统相对接的，那么国民党讲究党化司法，对旧的司法传统进行了大规模的改革，从判决书的角度来说，开始讲究一种整齐划一，不再将情理作为司法的核心要素，其根本思路在于向西方现代司法靠拢。后面还有一个阶段，就是反复、机械的风格被国民党带到了台湾，现在台湾地区的判决书已经全面改变了，再无质朴的气息，陕甘宁边区的风格却被保留到1949年后的大陆地区，直到20世纪改革开放初期。我们对西方现代司法的理解不见得真正地抓住了现代司法的精髓，这里我就想跟大家打开历史的一扇门，就是我们如何看待现在的判决书，如何看待现在的法律语言。我们有时候会就改革开放之后和改革开放之前的30年进行比较，但是现在越来越多的人对新中国成立以来的60年进行一个纵向的分析，很多人又开始将新中国成立之后的60年和新中国成立之前的60年清末民国时期放在一起研究，去寻找历史的继承性，包括大陆地区和台湾地区继承哪种风格。以上就是给大家一个纵向维度。

在横向维度上，法律最重要的使命是创设和平时期的规则，是使所有的矛盾尽可能消失在萌芽当中，来夯实一个和平稳定的秩序，确保国家的繁荣和人民的幸福。在这样的思路里，语言的评价是什么？有时我们不由自主就欣赏特别美的语言，但是，如果你忘了语言的目标是什么，太脱离群众的语言，早晚有一天会无法跟群众互动，所以你会发现一直有一种力量让你走一条融通之路。怎么样才能左右兼顾呢？需要我们的当事人，乃至我们这个社会的每个公民有很好的知识素质，还需要形成规则语言，大家都往这个方向努力，最后大家崇尚共识、形成规则，这是有脉络的过程。其实我们每一个案件中的当事人都是有分歧的，大家都是热火朝天对抗式的，但是最终目标不是让他们对抗，而是让他们通过对抗的方式去承认违法的行为，去直面违法的行为，去改造违法的行为。

二 调解工作与法律语言

思考这个问题，就要明确调解的任务是什么。我们还是通过例子来展开。

第一个例子是债权人和债务人。咱们打一个比方，假如（在场同学）这一半是债权人即原告，这一半是债务人即被告，债务人欠债权人10万元，你们肯定觉得问题不大，这么多债务人呢，每个人掏一点个人的积蓄，还了就是了，咱不能欠债，欠债有损自己的人格、信誉。但是再假设一下，如果是100万元、1000万元，你们两家怎么解决这个问题？你们可以说判决，但是判决以后呢？执行吧。要是执行时没钱怎么办？没房子怎么办？啥也没有怎么办？假如你是代理人，去主张权利时面临这个局面，甚至这里面大部分债务人都跑了，剩下的人就两三个，你怎么用三寸不烂之舌把他们“忽悠”过来解决这个问题？20世纪90年代的时候有这样一个背景，就是改革开放不久。改革开放前，因为公有制，大家都吃大锅饭，每个人都有同等的劳动报酬，一起过集体生活，但公共资源太有限，因此成本太高，所以那时候资金特别紧张。改革开放初期，有些人刚刚“下海”，想着赚钱，结果赔得一塌糊涂。当时的环境鼓励大家“下海”去“折腾”，但法庭面对的问题是：债权人义愤填膺、特别生气，本来“我”就这些钱，是借给“你”让“你”以后加倍还给“我”的，结果现在还让“我”赔进去了，原来很好的朋友因此生恨；而债务人呢，分两种，一种是本来就没想还，另一种是想着还，但商业经验太弱，也没想到就这样赔了。于是我们判决也分两种：一种是针对债务人第一种情况，该怎么判就怎么判，不执行就强制执行，如果实在强制执行不了，就只好做债权人的工作了；另一种针对债务人第二种情况，债务人本身是善良的，我们要想着怎么激活债务人，如果债权人能够给债务人更多的喘息时间的话，就能够调动债务人的积极性去创业和还款，因此那时有很多调解的案件。

婚姻案件也是一样的道理，涉及房产、子女，情况复杂。以前有一个案子，女方工资不多，也就千八百的，男方有一个小房子，他们有一个孩子。房子是男方的，但女方有一个理由，说曾经约定若男方出轨，那么房子归女方，但是离婚时女方不想带孩子，让男方带孩子。我们考虑的是应多判点给女方，但是有一个法官一直坚持，如果孩子放第一位的话，应该给男方多一点，让孩子有一个良好的生活环境和教育环境，因为我们国家现在还不能完全接管孩子，还是得靠父母。解放之后我们有一个扫盲过程，后来改革开放我们迎来科技时代——崇尚科技，将科学完全转化成生产力。后来习近平总书记说不仅要重视科技生产，还得注重文化生产、法律发展。法律也好文化也好，至少要知道什么是幸福，无论是结婚还是离婚，实质上要围绕个体，而不是捆绑他们，所以你要考虑怎么去用法律语言说服他们。现在信访案件中婚姻案件信访率最高，我认为主要原因是传统文化和现代文化冲突太大，对如何化解我认为大家可以不断讨论。

再说一个例子。改革开放之前东北还是工业区，应该说东北工业区以前为我国经济发展打下了很好的基础，但是随着经济的发展，东北的发展面对很多的难题。一家东北的企业欠了北京某金融机构一笔款项，于是金融机构（原告）申请冻结企业（被告）的资金，但是企业老板跟我们说，别冻结了，这个钱是工人的工资。那时候的法律并没有说工人的工资是优先支付的，我们就问他有多艰难，他就说带我们去厂里看看，于是我们就去了。后来我就问原告怎么看，原告代理人就问被告有没有可替代还款的途径，被告说有好车，是别人抵的，可以拿来还。后来这个案子就了结了，这就是三角债。那时候有很多这样的案件，这个案子可以调解我觉得是因为原、被告将理融进来了，而不是单纯地讲法。

有一个企业欠付央视广告费，央视觉得企业太坑人，但是企业说广告费太高了。这个案子告诉我们：不要太干涉市场，市场自有其运转模式，价格高自然有市场自发调节。这是我了解的商业知识，所以一般遇到这种案子，我会去现场观察一下。现在法官一般没有商业经验，应该深入现实中，去真正了解商业生活。比如下面这个案子，被告有条饮料生产线，去了现场后他带我看生产线，确实是真的，他说有一个港商要买这条生产线，我说那你赶紧卖，然后把钱还给原告，但是他说在广东一个卖箩筐的人都希望一段时间后能够有自己的小店，一个做小店的人希望过几年后能有自己的企业，希望企业慢慢变大。我问：这种情况下你为什么要欠钱啊？他说，是因为他进的一批饮料瓶盖被挤压，货卖不出去了，卖不出去资金就缺了，缺了就还不了钱。他说钱还是要还的，但现在资金确实有困难，正在找银行，看看能不能努力贷点款还原告的钱。我看到企业的现场状态，心中对商人的敬意油然而生。广东一带这种南方的商人就像广东温热的气候一样，特别有耐性。南方的商业文化是不放弃：我有我的商业底线，但是也不放弃我的机会；我愿意跟你调解，但我也努力争取我的利益。经过一上午的博弈，案子一直调解到中午十二点，才达成一个双方都比较满意的调解协议。如果没有实地考察，只把他当成一个恶意的商人，是没有调解的机会和可能性的。但正因为被他的激情点燃，我们又愿意做这个调解工作，愿意花半天的时间，最后有了比较满意的结果，这时的感受便不一样了，是终生难忘的感受。

接下来，我想重点和大家讲一个商业模式的调解，这是个比较有意思的例子，也是我认为比较成功的案例。我在经济庭待了十多年，从 1989 年到 2002 年的 2 月，那会儿欠债的案子很多，基本上很难判定继续履行合同，基本上就是看着企业在“离婚”在“分家”，而不是说合在一起，这是我一直没有攻克的难题。后来到了知产庭，遇到下面这个案件以后，就一直在思考能不能再加把劲儿，攻克一下。这个案子挑战比较大。原告和他的大学同学、亲朋好友组建了一个公司，这个公司越做越好、越做越大。此过程中，公司的副总不干了，带了一拨技术人员一拨管理人员跳槽，组建了一个新的公司，形成了跟原告的竞争。原告一看，急了，他采取了两个措施：一个措施是到公安局，举报被告有财产问题，尤其是有商业秘密犯罪问题，他认为被告窃取了他的商业秘密；另一个措施是到知产庭提起了一个知识产权民事诉讼，告被告侵犯他的商业秘密。在这个案件当中，因为涉及公安侦查，被告这个副总被侦查了十个月。十个月以后，民事鉴定结果出来。当时我到知产庭，原承办人出国，我就接手了这个案件。所以我第一次跟当事人见面是在鉴定机构，我对当事人并不熟悉，当事人见面就是你骂我我骂你，没法交流。十个月这么长的时间，已经僵得不行了，开庭的时候就更没法进行下去了。庭审当中，被告提出这段时间好多证据在公安，因为证据不充分，鉴定结果对己不利，要求重新鉴定。原告不同意，已经拖了十个月，他希望案子赶快有进展，尤其那会儿还没有认定被告有罪，原告那段时间就更急。合议庭觉得，还是要缓和一下，寻找一个更好的方案，所以就休庭了，决定同意去调取公安的证据，对双方都重新进行证据的比对，然后就比对的情况再做一个完善的进一步的鉴定。比对的过程当中采取了一个什么样的办法呢？因为案件涉及几十种产品，一种产品有一份技术说明，技术说明里原告主张有一部分是他的技术秘密，产品加证据加技术秘密他订了一册，然后要求被告证明自己不侵权。我们采取的办法是，一种产品，原告说是他的技术秘密，被告说不是，是来自书本里的知识，那么就要他限定在书本的第三十页还是第四十页的哪段知识，这段知识里头，他认为哪块是一样的，让他讲为什么是一样的，他就一一对应地回应了一次。针对被告的回应，原告肯定有不认同的地方，原告说不是书本里的知识，书本讲的是这个点，他讲的是那个点，他跟书本不一样的才是他的秘密，原告对应的证据又来了一大摞。然后被告再进一步回应，原告再来进一步说明，这样反复了七八次，七八次以后原告就觉得情绪和缓了。以前原告有时候到法院耍酒疯吵吵闹闹的，因为他很激愤，后来他慢慢就认同了合议庭的路子。被告也认真准备，因为他也不希望民事上有所闪失。他也很积极，所以就又开庭，庭上两个当事人擅长用不同的风格进行辩论。原告一看到被告就气，立马进入特别兴奋的状态，在说话的时候目空一切，越说越气，很有激情。被告是另外一种风格，他话不多，比较有刚性。开完庭以后我说，按照程序是可以做调解工作的。原告火气很大，说当初创业时一个楼上一个楼下，没亏待过被告，现在公司被做成什么样了，等等。在这种情况下，我们认为不要火上浇油，我记得合议庭当时跟当事人讨论的一个问题就是：当事人之间感情出问题了，哥们义气出问题了，说这个人很坏甚至定性他是好人还是坏人了，但实质上中关村地区那个时期很多这样的公司干到一定程度就分家了，不可能都是因为这样的问题，公司发展到一定程度的话，不是说你给我十万二十万元的问题，而是说面对增加的职工和壮大的资产，怎么能用理性、用公司法、用法律管理这个公司，所以说我们感觉是公司的法律管理出问题了。他们毕竟是儒商，还是在意公司的生死存亡的，我觉得这番话还是打动原告了。后来我们又问了他一句，就是当时选经营伙伴时，大家从前学习天天在一起，不是不熟悉，那为什么只选择他，选他的目标是什么。然后原告说了一句话，说被告是一个硬汉，硬汉是什么呢，就是真正把事交给他的时候，他赴汤蹈火都能做好。原告不能否定当初他选得不对啊，这时他就突然想到被告的好了。这是点到了选人用人时的要害之处。我们就再进一步和他交流，如果是这样，公司的法律管理这个问题解决不了，再聘用一个新的人，还会出现类似的问题，公司在管理层面上要好好学习的话，这个问题就可以迎刃而解了，对于有没有做工作的可能性则让他再考虑考虑。当时我们在感情上做的工作是，当事人是大学同学，然后创业到这个份儿上，现在已经打官司成这样了，如果法官不再做点调解工作的话，他们可能会因一纸判决而成一辈子的冤家。我们问他是想好了接受这样的结果，还是希望把法律的是非真正弄清楚了。因为他们都有律师，已经有一个交流的法律基础了，我问他们希望一个什么样的结果，希望不希望法官再做点工作，再回去考虑考虑。当事人当面肯定不会马上跟你说愿意调解或者不愿意调解的，一定是有契机的，然后在跟你交流没有障碍，把你当成不仅是法官，而且是可信赖的人的情况下，他才可能把内心深处最隐藏的地方向你打开。我们又赶紧说一种方式就是把意见告诉我们，以及对于用什么样的方式调解，是在法官主持下面对面地做一次交流，还是单独交流，这些法官都可以做一些工作。

后来他们选择了先接触一次，又面对面交流了一次，最后说愿意再调解。其实我觉得对商人来讲，他们考虑企业的利益还是重于他们个人的情感，因为他们毕竟要从企业大的利益格局出发做事。调解的过程中，他们的情绪越来越好，谈得越来越顺利，他们两家打算干脆还是再合到一起。最后的结果是，又用了二十天的时间，两人成为两家的股东，作为盟友注册了一个新的公司，变更了这个公司的名称，两家又合到一起了。为什么要用法律模式调解？因为把法律的是非先弄清楚了，最后用情和理的方式做通工作，才能使他们达成调解的协议。

再说一个部门经理案。有一个部门经理，他起诉的理由是：他代表公司两次去投标，然后有一次中标了，根据公司对部门经理的承诺，中标以后应给他一笔巨额奖金，因为他是经办人。奖金高达 100 多万元。公司不答应给，后来部门经理作为原告起诉，起诉后被告首先提出了管辖异议，认为这是公司的内部纠纷，法院没有管辖权。法院裁定有管辖权之后被告就上诉了。上诉有三四个月时间。但在这三四个月的时间里，发生了非常不幸的一件事，原告因癌症恶化去世了，他的妻子作为继承人参与到诉讼当中。被告提出公章是假的，笔迹也是假的，要求鉴定，同时对管辖还是有异议。原告妻子哭得死去活来，双方当事人年龄在50岁左右，情绪很不稳定。法院决定见一下被告的经理，被告是海淀区比较有名的一家民营企业，经理也希望法院重视这个案件。当时阻力很大，特别强调法官不得会见当事人。但是这种情况下如果不进行一些交流使当事人情绪缓和的话，可能庭审的程序都难以进行。后来我们见了这个经理，他提出了几个意见，解释为什么这个案子他应该赢，并对案子本身的背景做了一些介绍。合议庭告诉他要想赢应当注意两部分的内容，一个是程序上的权利，比如管辖异议、笔迹鉴定；另一个是实体问题，用证据证明。案子的情况是，在一张纸上，背后盖了公章，写的是中标了应该奖励多少钱，公章下面是钢笔字写的2000年××月××日，但是2000年的最后一个“0”上有一横线，上面写了一个1，所以又变成了2001年××月××日，可见证据很难支持任何一方。被告需要提出支持自己的证据。谁的证据更具有优势我们就支持谁。我们又跟经理进行了一番交流。首先，公司本身应该是最清楚案件事实的人，比如说关于公章的真假问题，公司肯定是知道的。不幸事件发生后，谁最在意这个公章？这里面肯定是公司的管理出了问题。其次，原告的律师实行的是风险代理，被告说想要联系原告的律师让他不要做风险代理，与原告律师进行一定程度上的沟通。对法院来说，原告家属情绪难以稳定，由律师提供思路有利于案件的进展，法官对被告说明这样的观点：风险代理不是法律所禁止的，应该说是当事人的权利，我们没有权力去剥夺她的权利，剥夺了也毫无意义。一开始被告想要采取其他手段达到目的，但法院给予了一个刚性的回应：进行公章鉴定，如果说公章是真的，那么公章管理肯定出问题了；如果笔迹上有问题，雇的这个人是需要反思的，公司需要聘用什么样的部门经理，需要去思考去举一反三，最重要的是解决公司存在的问题。他听了后觉得有道理，觉得法官说服了他。他让公司派与原告关系不错且公司比较信任的副总先去问候一下原告家属。律师也希望法官能够稳定一下原告家属的情绪，让法官给她打个电话。在电话沟通中，原告家属渐渐稳定情绪，并谈到了家里目前面对的各种债权债务关系、继承关系等等，但最后她令人触动地说：我们都是女性，毕竟我们都还要面对活着的人。通过这句话，法官了解到她还是愿意去解决这个问题的。所以双方从纠缠程序问题转向了集中精力解决实体问题。最后案子解决了，被告付了一定的费用给原告，但是被告很高兴，还邀请我去公司做讲座。

这个案件征服了他，背后其实是法律征服了他。他内心更在意的是怎么把公司的管理做得更好。就此得出的结论是，我们经常说法官应当廉洁，但我自己觉得光廉洁还不够，有的时候面对的是特别不规范的社会问题，完全按照程序走是很难行得通的。所以，真正的廉洁应该是你内心相信自己很廉洁，有些工作会有一些迫不得已的变化，当然总的程序和原则还是不能变的。所以要廉洁并且要解决问题，不能为了廉洁而廉洁，为了审判作风而审判作风。当事人在情绪化的时候，该制止的还是要制止，该大声的时候还是要大声，大家一定要看场景而行事。现在微信等应用软件上大家常常喜欢用截屏的方式截取部分镜头，这个有一定的说服力，但实质上完整的事件是什么，事件的来龙去脉是什么，非常重要。对于法律职业来说，其是研究公正文化的，如果不廉洁，则这一职业肯定会枯竭。处理案件时，法官有私心杂念，则不可能充分地为当事人着想，就很难促使当事人找到解决问题的路径。

还有下面这个案例，我想跟大家拓展谈一下我对弱势群体的一些思考。案情比较简单，就是这个人有50多岁了，他在北京打工好多年了，落脚在一个村里，有村民将承包的地转包给他了，然而赶上村里要建一座塔，他占了一部分地，就跟村委会产生了纠纷。一审判了之后到了二审，他扬言如果要解除土地承包合同的话，他就要闹，二审法院就将案件发回了一审法院重审。重审的案件归三号法庭审理，但他坚决要求三号法庭的所有成员回避。大家知道这是不符合回避的法定理由的，所以就没得到同意。他又想了一招，就是天天到我们海淀法院的办公楼里要求见主管院长，不见的话他就在那里闹。可是要见的话，通常还是需要原承办人去做工作，他又坚决不同意三号法庭审。法官们案子相当多，这样就非常麻烦，我们就在思考，回避有几个法定的理由，但是其实回避要解决的最重要的是当事人对法官的信赖问题，如果没有信赖就很难很难。其实我当时接手这个案子时坚决要捍卫法律的底线，不同意这种不符合法定理由的回避，但是他折腾了几周以后呢，我妥协了，还是到民二庭，找了民二庭的一个庭长来承办这个案件。这个庭长承办这个案件时就和他沟通，每周的星期四的下午准时接待他，其他的时间庭长得干活，办别的案子，有什么意见好好交流，这样就有了一个信赖关系，他就同意了。但是，问题还是比较多。我接待过他几次，开始的时候他的普通话不太好，我听不懂。我们国家幅员辽阔、省份也多，大家的普通话其实已经说得不错了，但有些地方方言交流还是比较难的，想完全听懂也是比较困难的。其实语言的交流，就是我能听得懂，我能跟你实现交流的目的的过程。听一两次听不懂，听了四五次就听懂了，但是听懂了也没用，因为他表达不清楚。村委会（被告）说土地是不允许转包的，他从村民那儿转包来肯定是无效的。农村土地管理比较严，我觉得被告说得有道理。这名原告开始就表达不清楚，讲不明白你怎么能维护自己权利呢？因为北京有针对农民工的公益诉讼的律师，免费给农民工提供法律服务，我们就介绍他到那里请个律师帮他代理。那个公益所律师特别认真，接待他半天之后回复法院，说不能代理。为什么呢？因为他也觉得被告说得是有道理的，他跟原告的观点是不一致的。他说没法代理，因为原告不听他的意见，他的意见跟原告的不一样，没法给原告代理。后来我问律师既然不代理，那能不能就坐法庭上，听一听，最后给原告一点指导。对方说也没法指导，因为律师不能违心地给原告代理，他觉得这个肯定做不了。这个球又踢到法院了。法院必须直面原告，说明白问题所在，下定决心后我又接待他一次，那次我大致听明白了他要表达的意见，就是虽然协议里约定了不允许转包，但是每年的承包费，是他主动地到村委会去交的，他就在那个村那块地干活、居住，然后向村委会交承包费。通过履行的行为来看，能够追认的是村委会是认可这个转包关系的。我听明白他的意思了，但是在法庭上他做不出这样的表达。我们国家目前没有推行强制律师代理制度，而法庭最害怕的情况就是那种一方有代理一方没代理的情况——形成不了法律表达上的平等。法律语言如果没有一种表达上的充分和平等的话，该有的没有，再补救就非常困难。比如，一种情况是庭审后发现当事人应该有的证据没有提交，当事人也心生疑问，本来不是这么想，怎么就这样做了；一种情况归因于审判本身、审判人员的问题；还有一种情况，其实是当事人表达的问题。事情到了这个程度，我就再下决心调解。第一次调解的场合在村里，我们一起走过镇和村，当时村里派了一个大学生“村官”，然后镇里派了一个司法所的人员来，大家坐在一起调解。“村官”刚进村，基本上就想以听为主，然后回去反馈意见；司法所的人来了以后，觉得可逮着原告了，得跟原告说说法律上为什么不应该支持原告，于是上来就侃了十分八分，然后原告的火就给侃出来了，他跳起来了，两个人就吵起来了！那肯定就没法工作了，调解失败了。我就和原告说，如果吵架能够解决问题的话，下次我跟你一块儿吵；或者你别再找法院了，我这可是费了九牛二虎之力才把各部门的人员集中来进行调解工作的。他知道吵架没有用，我知道他动摇了，我就说你回去好好想想。后来，第二次再安排调解，我们就变了一个方法。原先想在会议室里面对面调解，但是感觉这样的气氛太轻松了，还是得在法庭，于是叫了俩法警出庭，还动员了镇长。在这个场合，又进行调解。当时被告方出席的是这个村新选举上来的村主任。镇长先问来参加调解的村主任，“来，你多大岁数了?”村主任说，“我五十多”。因为村主任的老伴儿也跟他来了，镇长就说：“那看来你比我大，那我叫你大哥，叫大嫂行吗?”“那咱就把这事儿说说，你的需求是什么，这是什么一个情况?”这个新选举的村主任听镇长这么说，心里肯定很热乎，能够感觉到当天有解决问题的契机。同时我自己感觉，农民工或者说老百姓其实见到了领导以后，他内心里感觉到被尊敬和重视了，他的心态也会有变化。于是原告的表达很清楚，没有那种“漫天抛”的感觉，一条条地说下来，而村主任也一一回应。村主任持两个观点：第一，今天是来解决问题的，镇长在场，能解决肯定解决；第二，我要管这个村，我是新选举的村主任，对原告的支持或者妥协，不能导致村里的管理无序，村里人得满意，原告还得跟村里人和谐相处，就在这个框架下解决问题。随着气氛越来越缓和，原告本来想要几十万元的赔偿，但实质上，按照法律的话就是在十万元以下，他逐渐认可了，最后达成了一致，这个案子就了结了。

了结这个案子后，原告又提出了一个新的问题，就是他的孩子该上高中了，因为他是外地的农民工，孩子在北京只能上到初中毕业，高中不能上，因为高考要回老家去考。他说能不能在他孩子上学的问题上给帮帮忙。他孩子还有个特殊情况，就是这个孩子没有上过户口，孩子到现在还是“黑户”！他就这一个孩子，没办法，他的知识结构导致了他的局限和被动。当时我们的承办法官让我千万别再答应他，因为他这太过分了！但是我思考，对于孩子上学的问题，在国家法律体系比较成熟的情况下，九年义务教育应该不成问题。但是改革开放以后，我们的人口大量流动，使人口的管理非常困难，就像法院的“送达”也很难一样，所以在这个过程当中，让人人有学上、上一个比较理想的学校不是一件简单的事情。但是通过对家庭的连接，尤其是对弱势家庭的连接，你就会发现，中国文化有一个传统，就是我家再穷，只要让孩子将来有出息，孩子有出路了，家里再怎么样都可以承担，大家在这方面空前一致。所以我认为，原告面临的这个局面看似跟这个案子没关系，但实质上，从整个法律体系来讲，他是需要由法律定位和管理的。经过原告自己的努力，也经过妇联的一些努力，最后的结果是孩子回老家上学，问题解决了。如果再思考的话，我就要跟大家延伸一下，我觉得从城乡文化的角度来讲，其实我们经历了农民工进城的一个时期，农民工现在又经历了去大城市化——一部分扎根在城里，一部分返乡——的一个时期。前不久，我回老家到几个村里了解情况，发现有的村返乡的人，自己发家致富后去竞选村主任，希望带动整个村发家致富。当然在带动过程中，旧的问题解决，新的问题又出现。同时有的县镇，十年二十年前，整个县有大学生的话都是非常困难的，但是现在镇里领导班子中，有可能一半以上是大学生，也就是说知识结构层次有了变化。从这个层面上看，应该说乡土的知识化开始不断地成长，城乡的融合会不断地发展，语言也会发生巨大的变化，文明也会不断地提升。

所以我对调解的观点是：语言的生命来源于生活，工作的生命源于热爱，热爱它你才能在每个触点上找到升华的部分或者感觉到进步的部分。调解的目标在于接受，接受的领悟在于法律。

三　判决工作和法律语言

今年我接手了一个经销权的案件，其实很简单，原告是一个卖酒的店，它被媒体曝光卖酒过程中有酒过了保质期限。它卖的酒里有一个品牌是外国酒，曝光时外国酒也在镜头里，导致大家认为外国酒也过期了。外国酒厂家认为它的酒没问题却被认为有问题，所以要求与原告解除经销权。原告认为它并没有拖欠外国酒的货款，而且曝光也不是它自己所为，遂要求被告继续履行协议。因为当时经济纠纷是比较“热”的，当时该案的法律问题争论比较大，是一个简单的买卖协议还是一个单方解除的经销权问题，法律并没有做详细的规定。被告是华北地区的总代理，所以请的律师专业水平比较高，原告是一个法律工作者，我们就和原告说能不能找周围的老师把这个问题好好梳理下，总结出一个完整的代理意见来，展示一下法律水平。这个案子当时还有一个背景：最高院在进行审判方式改革，程序问题正在改革中。所以当时我们把他们的庭审提纲和最高院的规定意见结合起来做了一些工作。那么在这个案子中我们着重做了几块工作：我记得当时是个周末，我和一个庭长把提纲梳理了一遍，梳理得十分认真，因为那会儿所有问题都是热点，所以我们认真细致到甚至合议庭的手势都考虑到了，就是把程序好好研究了一番；之后就是判决书的写作，尤其在说理这方面，在如何把这个问题说清楚上下了苦功夫，合议庭成员里有一位经济学博士，他之前是学法律的，攻读博士学位之前也当过大学的老师，他把那个判决书改得非常好。因此，庭审中和当事人就如何解决诉讼问题进行了非常好的语言交流，庭审的效果非常好。

《十送红军》这个案子，涉及颂歌和江西民歌长歌，用原告的话说颂歌是由长歌改编而成的，《十送红军》是在颂歌的基础上改编而成的，因此他们认为《十送红军》侵犯了他们的改编权。不知大家在座的有没有江西的，这个案子涉及 20 世纪 50 年代末 60 年代初的长歌。对一个法官来说，一个案子如果有专家帮助，那么对于庭审和事实调查来说是最好的，所以当时我们试图委托专家做一个鉴定，但是原告方坚决不同意，他认为被告方是这个领域的专家，如果我同意鉴定肯定对其不利。那只好由合议庭来承担调查的工作。但是我们不懂啊！我记得当时院里有一个钢琴水平九级以上的老师，他亲自给我们普及了半天音乐知识，为了这个案子我还买了本书叫作《音乐入门》。那本书对我们很有启发。我认识到，我们工作生活的最高境界就是美，美学是我们生活的最高境界，法律语言的最高境界就是要达到一种美，要研究如何去达到美。后来我又去“音乐家协会”调研，开始我们讨论判断主体的问题——能听懂音乐的人是否都能作为判断主体；后来他们建议和介绍我们去找研究江西民间音乐的专家，我们也去了。就是这样不断地学和问，才把这个案子慢慢地理清楚。开庭前我们又举行了一次专家论证会，从词和曲的角度来分析音乐作品，解决实证性的问题，也从其他角度做了一些补正。这个案子开了一天的庭，这可能是我一生当中开得最美的一个庭。无论是原告还是被告都是搞音乐的人，而且还涉及50年代末60年代初的一些证人，对证人的询问主要是他们是否接触了这些音乐，但当时没办法找到证据直接证明他们是否接触了这些音乐，只能通过其他证人证明在那个年代去江西的话能否接触到这些音乐，也就是颂歌。当事人也做了很多词曲的比对，不是数量的比对而是质量的比对。所以当时讲了一天的音乐知识，我觉得讲得很精彩，被音乐陶醉了一天。这个案子判决中比较精彩的部分就是基于“接触”这一部分的逻辑推理——是否“接触”过这个音乐，我觉得合议庭是下了不少功夫的，后来还获得了最高院的一等奖。因为没有专家鉴定，所以当时的焦点就是事实，也就是集中在“接触”这个问题上。整体比对、词曲比对，各种比对都用上了，得出了这样的结论：承认原告有著作权，但是同时被告没有构成侵权。因为我现在也参与二审的工作，这个案子二审的时候，我发现还是想去攻克这一难题，就是在一定的基础上能不能梳理出来，比如说它到了三小节的时候还是到了四小节的时候构成侵权——当时在二审的时候是做了这么一个分析，比较注重法律审，比较注重规律性的东西。

我还想和大家分享一下“奥运口号”案，这个口号就是“同一个世界，同一个梦想”，也就是“one world，one dream”。原告特别努力，创造了一个和奥运口号极其相似的应征口号，而且它以邮件的方式发给了奥组委，但是非常遗憾的是奥组委没有收到该邮件。这种情况下，原告主张对“同一个世界，同一个梦想”有著作权，有使用方面的权利；而被告称其收到二三十万个应征口号，确实没收到被告的口号，被告口号的产生和其没有关系，就是这样的一个案子。这个案子发生在2008年北京奥运会举办之前，所以在当时特别敏感。在这个案子里，两方面的证据都比较充分，所以就想用调解的方式来使原告获得判决的效果。因为在应征的过程中就明示著作权归属的问题了，而在肯定原告的劳动情况下其对调解方能够更积极主动。但是原告本人对他创作的这种巧合比较纠结，一方面希望调解，另一方面也希望判决。被告来回做了五个方案，也没有调解成功。最后我们采纳了一个意见，就是《合同法》的一个规定，大家知道我国采送达主义，也就是原告不但要证明创作了，还要证明送达了，原告的举证责任就比较重。法庭没有支持原告。在写判决书的时候，我们采取的第一个角度是从原被告的角度进行综合评述，这样写比较复杂，大家写来写去觉得很不舒服。后来经过反复推敲决定了第二个角度，即“诉什么决什么”的角度。因为原告主张的权利争议比较大，所以要尽量把原告给说服，那么要写原告他诉的是什么、证据是什么、为什么不支持他，就是这样的逻辑。后来这个案子宣判，因为支持了被告所以被告对判决还是比较认可的，可是原告为什么也支持判决呢？因为法庭在判决之前做了好几轮的工作，和他进行了各种交流，给他说清楚利害关系，他看到合议庭比较认可他的劳动也是豁然开朗，所以直到二审上诉的时候他一直给我们发短信表示感谢，知道二审被判败诉后他也一直和我们有联系。

所以我想和大家说的是，判决书有很多风格，从不服判一方下手来写判决书的话，确实有利于达到双方都服判的效果。判决书要表达清楚，而且表达出来是要执行的，所以一般不能有含义模糊的东西，案子里的难点能写清楚的话尽量写清楚。比如此案中的损害赔偿，到底赔十块二十块，是特别难写的，因为财务证据的支持非常弱。还有一点，这个案件的原告是一个热心公益的人，如果因为一纸判决让他对公益活动伤心了，未免得不偿失。毕竟我们法院承担了体制内的工作，怎么让每个公民对公益活动、体制活动有热心也是非常重要的。这也是我们在做大量的调解工作时所重点考虑的，虽然最后判原告输了，但第一让他知道为什么输了，第二他也感谢法院为了他所做的工作、付出的努力。无论最后结果怎样，他对社会都有归属感，这是我自己感觉到的。其实判决这边赢了或这边输了是判决上的事实，但判谁输了都不是一个简单的事情。你对输的那一方的尊重是非常重要的。我有一年有幸参加中央领导人的植树活动，当时胡总书记问我一个问题——你为什么能做到辨法析理、胜败皆服？我当时脱口而出：服的是公正。他听后又给我耐心讲一个道理：不仅要追求公正，让合法的当事人的合法权益得到合法的保护，同时对违法的当事人也要做好工作，也要保护违法的当事人的合法利益，就是程序上也要讲求公正。原话我很难复述，但我觉得我们这个工作重要就重要在这里。

方舟子和崔永元的案子，这个判决（一审）是被媒体称道的判决。但是，有言，功夫在诗外。为什么这样说？人大有个涉媒体的调研课题，跟着朝阳法院和海淀法院做了四年，好像法大的老师也有参加。这个课题对国内外涉媒体的案件都做了考察，已经研究到比较成熟的程度了，此案的承办人（法官）也参与了这个课题研究。因此他正好遇到这个案子，有了此前系统的研究作为基础，案件的判决表达就非常顺畅，就很多法律法规做了清晰的表达、给出了结论，好多媒体看到后感到很受益，尤其是法律上的受益。大家知道这个背景再读这份判决书的话，可以增强法律语言上的理解。同时，就像此前我说的，当你有需求时，恰恰读了某本书，感受和启发就不一样。这个案件也是一样。之前法院也判过类似的案件，为什么没在社会上引起反响，仅仅因为该案中的当事人是名人吗？不是，而可能是因为这个问题在社会上已经激起争论了，极其需要有个法律上的、规则上的定论和话语权的时候，这个案子的判决就有可能成为划时代的判决。所以，有人称此案的判决为伟大的判决，道理也在这儿。结合我自己的实践，我感觉到现在的立法越来越考虑征求共识上的意见。各种意见、建议的质量也越来越注重升华为专业性的调查结果。

青年是一个有魄力的群体。从法官的群体来讲，过去我们的法官年龄，像基层法院法官的年龄，平均在 30 岁左右，这个年轻群体的语言一定会有青年的特点，一方面有魄力，另一方面驾驭社会的能力的成熟度会低一点。前一段时间我问德国的法官，他说他们知识产权的法官年龄在 45 岁以上。我们的知产院，就目前法官知识储备的状况，选了 18 位法官，平均年龄 40.2 岁。因为知识储备的问题，有一定阅历才能当法官，可能更多的基层法院法官年龄在 30~40 岁，二三十岁的大学生是培养的人才。我觉得大家可以关注不同群体的不同的语言，这个是很重要的。咱们国家十几亿人口的群体，对语言的层次需求也不一样。我做过法律宣传的工作，也参加过报告团，卡耐基写的《语言的突破》这本书帮我解决了第一个层次的问题：它让你勇敢地站在台前对大家进行演讲，忘了词也没关系，就是看两眼的问题，主要是一种交流和表达，时间长了以后，你自然就熟练了。

《歌德谈话录》给我的启发是，西方尤其罗马法时期开始有思辨文化了，它比较注重思辨，就是怎么能在交流时提出不同的观点，把观点研究清楚了，然后使其中一种观点脱颖而出，成为一个征服性的观点。这些书对我影响还是比较大的。

还有一套是韩国作者写的"漫画世界"系列的丛书，我意识到他们已经不处于争论传统文化和现代文化孰优孰劣、能不能取得共识的阶段，而是进入儒家文化和西方法律文化怎么融合的阶段了。比如他们对死刑的理解，对商标品牌的理解，对婚姻案件的理解，追求法律的价值层次——他们注重融合和共识，不会为争论而谈论，而是为达成共识而谈论。因此，我们一般在和当事人交流时，应先找出争议的点，无争议的点不再讨论，对有争议的点讨论。将有争议的点分出一个递进的层次，第一个层次讨论完，再讨论第二个、第三个……这样的话语言才有针对性，否则很难有层次感。你想想，我争论的是一个无争议的问题，你争论的是一个有争议的问题，很难合拍。

再说一个日本人在罗马历时 15 年写出的《罗马人的故事》给我的启发。"罗马不是一日建成的"，同理，规则不是一天形成的。罗马在形成规则的问题上，哪怕是很小的规则，老百姓都特别重视。这些规则不断累积，形成了一个完整的法律帝国大厦。在成长过程中，我们要时刻牢记我们的起点中有哪些是弱项，追赶过程中要弥补哪些不足，在这个完成的过程中，我们能形成哪几个语言层次，这是非常重要的。

知产院是去年 11 月 6 日成立的，有个口号——要掌握国际规则的话语权。德国法官问法官的年龄，如果你也 45 岁，他就觉得你的水平挺棒的。你说你 40 岁、30 岁，他会说那每个法官面对的案件挺多的，我们如果说加班，他会问"能保证案件的质量吗"等问题。他会从技术层面对法官的技术背景资历问得细一些。所以掌握国际规则的话语权的观念是什么？因为经济已经全球一体化了，打经济仗一定就是打法律仗。我觉得同学们在掌握法律知识背景的情况下，一定要知道，中国的法律一定要讲求中国特色社会主义法律体系，法律语言一定要追求中国本土化的法律语言，这个是不能放弃的。在追求的过程中，考虑怎么和西方的法律进行更有效的嫁接，而不是说丢掉它去追求。当然，也不是说西方所有的法律都是好的。

我们也有好的，我们既要学习对方，又要说服它们、超越它们。关于国际规则，大家应该都有话语权，都是要贡献智慧的，我是这样想的。

所以我的结论是：法律语言的特征是说服。说服具有主观性和客观性，是你觉得你说服了还是客观上实现了说服。主观上你有一个自由的选择，就是主观上你想怎么表达，有什么不同的风格都可以，但是这在客观上是一种约束的选择，你要考虑到你的对象是谁，你要怎么表达给他。主客观统一是个不懈的追求。所以说要既考虑主观优势，同时也考虑客观的结果，其中有新的爆发点和新的学习的过程，需要不懈追求。

公正司法、一心为民，审判是第一要务。法官的工作就是为当事人提供法律产品的工作。这个工作中，当事人要接受你的法律模式。当事人包括原被告，他们怎么才能接受法律语言的文化，接受你的法律程序，你去研究它才能做好工作。如果脱离这点，就是脱离群众，甚至脱离你的职业对象了。转化为一种业务追求，就是辨法析理、胜败皆服。法律最终就是要引证据，引证据典去达到这个结果。目前知产院也在做案例库的工作，在探索一种案例模式，因为如果有之前大家已经公认比较好的判决，而且它已经生效了，相关案例规则就可以运用在说服中——也许它更有力，不要放弃它。努力让人民群众在每一个司法案件中都感受到公平正义，这个要做到挺难的，但是我觉得可以作为一种理想和完美的目标去追求，如果能达到的话，大家一定都会感觉到很欣慰，这也是进步。

法律叙事学视角下的刑事诉讼话语研究初探*

——以公诉人出庭询问证人为例

北京市人民检察院　金　轶

摘　要： 法律叙事学起源于法律文学，与刑事司法在叙事目的、叙事结构等核心问题方面存在高度契合性。刑事诉讼可以被看作特定法律语境下的特殊叙事活动。在法律叙事学视角下，以公诉人询问证人为例，分析法庭询问证人的目的以及策略，制定相应的询问规划，有利于培养公诉人语言运用的意识。因此，在刑事案件法庭审理中，以法律叙事学为指导开展法庭询问，遵守法律语言的规范性，有助于实现刑事诉讼的价值。

关键词： 法律叙事学；法庭话语；询问语言；诉讼话语

一　引子：我所理解的法律语言学

经过了前一阶段的学习了解到，我国学界对于法律语言的研究已经有约40年的历史。从观者的角度来看，法律语言学的发展是非常迅速的，数年间，研究方法不断推陈出新，研究成果越发丰富多样。法律语言学不断

* 本文在2013年“法律语言高端论坛”讲稿的基础上节选而成，收入本书时部分内容根据现行法律法规作了改动。

发展，不仅涵盖了语言学的各个分支，而且有效地扩充了法学的内涵，提升了法学研究的视野和品位，促进形成了庄严、权威、稳定的法律话语体系。对于任何有志于成为优秀法律工作者的人来说，法律语言学无疑是必经之路上的一道高大的山梁。真正走入法律语言学的世界，首先感到的可能是困惑。从基础的语义学、修辞学，到充盈专业技术色彩的文本鉴别、语音识别、法律语言心理研究，再到满载文化蕴涵的跨语种研究、法律语言文化历史研究，甚至到法律语言信息理论，这些或多或少、或远或近都会与法律理论实践发生关系。

作为一名公诉工作者，我认为，在法律语言学这样一座宏大的殿堂里，我们要找准自己的位置。无论要学习研究的是传统的语义学、修辞学、语法学，还是新兴的法律叙事学，都对公诉工作具有重要的启发，今天我将从法律叙事的角度，结合自身的实践与思考，探讨法庭询问证人中有关语言运用的策略与技巧等问题，以期对法律及语言的研究有所帮助。

二　法律叙事学与法律语言学

严格来讲，法律叙事学与法律语言学不能画等号。前者是研究法律领域中叙事作品、叙事内容、叙事结构与叙事性的学科。后者是研究贯穿于法律的研究、制定和实施过程中的语言文字表义系统的学科。但具体到法庭语言的运用上，两者又是不可分割的，在统一的法律价值体系中，两者都从属于公正和效率两大法律价值；在研究内容上，法律话语都是两者研究的基础样本；在研究方法上，两者都涉及对于话语真实含义的理解和表达效果的追求；在研究主体方面，法律语言学家日益成为法律叙事研究的重要力量。可以说，在当代中国，法律叙事学与法律语言学互有交叉，难以分割。尽管有上述的共性，但是仍然不能否认两者的个性。法律语言学的特长是对法律话语的具体分析和法律修辞，而法律叙事学起源于法律文学，更加注重叙事的结构、语境和认知过程。从刑事司法的角度来讲，两者又与刑事司法的核心问题有着高度契合性，对语言学不赘述，叙事学与刑事司法的核心问题则具有内在三方面的契合性。

三 法律叙事学与刑事司法的契合

法律叙事学的先行者是热衷于法庭场景描述的文学作者们，他们参与创作的、我们耳熟能详的电影《十二怒汉》《罗生门》等，在叙事和法律方面都作出了重要的贡献，对于我们的刑事司法至今仍产生着启发。随着叙事学进入了后经典叙事学阶段（不仅研究文学，研究叙事结构的规律性，而且进行更加开放性的研究），叙事理论的研究领域得以突破文学作品和虚构叙事的樊篱，法律叙事逐渐进入叙事学的研究视野。那么，为什么叙事学与法律学发生联系？尤其从刑事司法研究的视角出发，这种联系如此密切、合理和必要。我认为，这两者之间具有三点契合。

一是刑事诉讼的目的与叙事目的具有一致性。叙事学研究表明，叙事的直接目的在于重建事实和说服他人。叙事学立足于这样一对假定矛盾，即叙述者和接受者的矛盾。叙事就是叙述者与接受者做斗争的过程，在这个过程中，叙述者总是利用各种可能性来控制和影响接受者。而接受者又总是对叙述者所叙述的一切将信将疑，接受者总是想质疑叙述者，而叙述者要做的最重要的事，就是把接受者缝合在故事当中，让接受者阅读故事和重建生活经验的过程重合，从而完成叙事。

同样地，刑事审判需要通过举证、论述来重建案件事实，并且说服法官接受己方的观点，对于叙事学当中的重建事实、说服他人这两点呈现得淋漓尽致。在任何刑事诉讼中，都存在这样的规律性：公诉人通过起诉书讲述故事的概要，然后用复杂的示证、质证、解释来丰满故事的场景、人物和情节，并且通过强有力立论、辩论和驳论来强化指控的事实。这一切，最终都通过接受者——法官对故事的认同来实现。

做一点拓展的分析。绝大多数情况，超过95%的情况，法官都会认可公诉人叙事的真实性。当然也有不成功的叙事，比如一些冤假错案。为什么会出现冤假错案？上溯到审查起诉阶段，叙事主体发生了变化。叙述者变为侦查人员，而接受者变为公诉人。再继续向上回溯，叙述者变为证人、犯罪嫌疑人，而接受者变为侦查人员。在这个叙事链条中，任何一环出现问题，都可能让故事失真。所以，我们极力倡导证人出庭作证，就是减少叙事的环节，以有效增强叙事真实性，实现叙事的目的。

二是犯罪构成要件理论与叙事结构存在契合。虽然法律并未如此明文规定，但刑事法研究者都明白，刑事司法的核心理论是犯罪构成要件理论。构成要件理论，可以理解为研究法律事实结构的学说。不管二要件说、三要件说、四要件说，都是指向法律事实的基本结构。近年来，关于犯罪构成要件理论争议非常大，一方面是学界不断提倡该当、违法、有责的递进式犯罪构成要件理论，另一方面是司法实践中公诉人仍然围绕着主体、客体、主观方面、客观方面来展开叙事。究其原因，就是从控方的角度出发，平面式、齐合填充式的四要件说叙事结构简单，易于指控犯罪。而递进式的三要件说叙事结构相对复杂，更适用于出罪。可见，叙事结构的选择与犯罪构成要件理论的应用具有密切的关系。

三是职权主义庭审模式向当事人主义庭审模式的转变为叙事学提供了新的土壤。在完全的职权主义庭审模式之下，法官依其职权查明案件事实，法官可以提前接触证据、完全控制法庭调查，甚至可以行使部分的侦查权力，所以职权主义的庭审模式下，法官并不是单纯的接受者，叙事并不是法庭的主题。1996 年之后，《刑事诉讼法》经历了几次大修改，庭审更多地吸收了当事人主义模式的特点，法庭审理的叙事性有效增强。从某种意义来讲，法庭审理是一种特殊的剧目，它力图将过去发生的犯罪事件搬上舞台，以诉讼参与者之间的配合或者对抗的行为，展示各自所认可的事实真相，形成一大块带有干扰项的拼图，最终由权威的观众——法官来判断剧本的最终真相。

因此，在我看来，刑事诉讼的过程，就是以出示、解释法定证据材料进行事实重建和说服他人的过程。刑事诉讼是特定法律语境下的特殊叙事活动。

四　刑事法庭审理中的叙事层次

刑事案件法庭审理中的叙事可以分为三个层次：个体叙事、双方叙事和整体叙事。

一是个体叙事。我们注意到，在法庭审理过程中，任何发言的主体，包括被告人、被害人、证人，都有自己独立的叙事。让人费解的是，这些叙事之间往往存在较多的差异。且不说不认罪案件中被告人与被害人的言词证据大相径庭，就连在认罪案件中，不同的言词证据之间，往往也存在较多的差别。这正是我们要研究的重点，研究个体叙事的重要目的就是辨别真伪。通过叙事学的研究，我们有了更多的方法来判断法庭叙事的真伪。有的西方学者已经从叙事学研究出发，以心理学、语言学和刑事司法理论为指导，建立了一些言词证据真伪预测指标，包括逻辑指标和客观特征。真实的叙事和虚假的叙事都有规律可循。比如，虚假的叙事往往刻意地过度描述某一无关细节，在身体语言、表情上也都存在不合理之处。相反地，真实的叙事往往不够详细。举一个例子，为了提供犯罪嫌疑人犯罪时在场的证明，找到了现场的目击证人。但是目击证人所描述的犯罪嫌疑人当时所穿的衣物，却与真实情况存在误差。如何去判断这一叙事的真伪？这是符合客观规律的。因为人的认识力和记忆力都会出现正常的误差，即所谓记不准原理，所以证言并不因此丧失效力。但是要确认犯罪嫌疑人在场，还需要其他证据的佐证，以排除合理怀疑。

二是双方叙事。刑事案件法庭审理分为控辩双方，双方的利益诉求显然是不同的。为了各自的利益实现，双方都需要构建自己的叙事。比如在被告人不认罪的场合，控方构建有罪的叙事，而辩方构建无罪的叙事。双方不仅通过自己的直接叙事来证明自身的主张，而且在交叉询问阶段，双方可以通过诘问对方证人以加强己方的中心叙事。训练有素的公诉人和律师，对于这种叙事早已驾轻就熟。有罪叙事和无罪叙事所采取的策略、技巧显然有所不同，这些是法律实务人才的核心技能。我们看到，全国范围内开展的公诉人竞赛和律师竞赛，展示的并不仅仅是唇枪舌剑的论辩技巧，刑事案件论辩的精髓，仍然是结构化叙事的能力。根据研究，故事形式的答辩意见更具有说服力，经验丰富的律师主要借助故事讲述，而新手则更多地依靠逻辑推理。

三是整体叙事。整体叙事是超越双方叙事的层次。无论是控方还是辩方的叙事，都是瑕瑜互见的，法官在判决中往往不会仅考虑一方的观点。掌握整体叙事需要非常丰富的经验。作为一名公诉处处长，我经常看到，年轻的公诉人和律师从法庭出来，面带愠色，抱怨法官没有充分听取自己的观点。其实，这很大程度上是因为他们没有升华到整体叙事层次。整体叙事集中体现于判决书。在整体叙事层面，根据听取叙事主体的不同，还有法律叙事与道德伦理叙事的区别。随着社会舆论的发展，道德伦理叙事似乎有侵入法律叙事的倾向，这尤其值得我们深思。

也许有人会问，以上分类方式有何意义？是不是进入了“泛叙事”的误区？并非如此，法律叙事学得以生存，不是完全依赖其解释能力。其更大的价值在于对司法实践的指引作用。

五 法律叙事的实践价值

研究法律叙事的实践价值，能够帮助实现刑事诉讼的价值，包括程序价值与实体价值。时间关系，这里我就不展开来讲了。

一是帮助实现庭审的实质化。庭审实质化是实现司法公正的重要保证。法律叙事学对促进庭审实质化有重要的意义。通过研究法律叙事的目的、结构、方法、对象，能够克服和改变过去那种自说自话的做法，增强控辩双方的对抗性。

二是增强诉讼行为的说服力。强调“结构性叙事”的概念，通俗地讲，同样的事情，不同的表达方式，效果是截然不同的。合理安排证据出示的主次、先后，选择视频、实物、书面、言词证据等不同的证据形式，考虑法官的主观感受，都是结构性叙事题中之义。当然，诉讼话语的规范性、准确性、有效性和哲理性，也都是结构性叙事所追求的目标。不仅应在策略层面上增强叙事能力，锤炼语言本身也是必不可少的。故事化、生动的语言与严肃、简洁的法律语言以合理的结构相互支撑，能够起到意想不到的效果。对此，第四届全国十佳公诉人叶衍艳称之为“事实描述的情景化与精细化”。这不仅是法律叙事学关注的内容，更是法律语言学广泛研究的内容。

三是法治宣传、法治教育的作用。这是从不同叙事对象的角度来讲的。有时候，叙事对象不仅是法官，也包括旁听的观众。比如，我们经常组织国家机关工作人员旁听职务犯罪案件的开庭，公诉人在组织语言、进行叙事的时候，就不仅要考虑成功追诉犯罪，还需要考虑出庭的宣传、教育意义。这种案件的开庭，公诉人往往陈述更加详细，说理更加充分，自然与其他案件的叙事安排存在一定的差别。在未成年人犯罪的法庭审理中，不仅要解决未成年人的刑事责任问题，也需要完成对未成年人的法庭教育，未成年被告人成了叙事对象，叙事目的不仅是解决刑事责任问题，同时还要促使未成年被告人认罪悔罪。这就形成了更加微妙的叙事结构：在一秒之前还在刑事责任问题上互不相让的公诉人与律师，在对未成年被告人开展法庭教育时，极力共同营造一个温暖、感人的环境，甚至去努力实现双方话语教育效果的叠加。

六　叙事学视野对刑事诉讼语言应用的影响

我认为，法律叙事学与法律语言学是交集的关系，而且交集的范围非常大。如果我们从广义上来理解法律语言学，甚至可以将法律叙事学视作法律语言学的子学科。毕竟，叙事是对语言的应用，叙事学的发展以语言学的研究成果为基础。作为一名刑事法律工作者，我尤其关注叙事学对于语言应用的影响。毕竟，法律叙事学的前身是法律文学，真正进入法律实践研究仍然需要克服一些原有研究存在的局限性。而这些局限性，很可能会对语言应用产生影响。我认为这个背景下，首先应当坚持保持法律语言的规范性，克服浪漫主义的倾向。

规范性对于刑事司法实践非常重要。惩罚犯罪不仅是对于犯罪人的处理，也是对国家权力的有力展示，还是对国家与犯罪坚决斗争的态度的有效表达。为了实现这一目的，需要一种庄严、肃穆和统一的仪式感，让观者心生敬畏，从而强化预防和教育。在这一过程当中，规范性是非常重要的。我们知道，法律叙事学起源于法律文字，而后与法理学发生联系，目前尚未在司法实践站稳脚跟。这就导致目前的法律叙事学研究带有一定的文学色彩和浪漫主义色彩。这种做法并不是完全不可以，比如公诉人在法庭叙事中，为了增强指控效果，可以采取倒叙的方法、多线索叙事的方法（如在关系复杂的诈骗犯罪中），以起到突出指控重点、厘清法律关系的作用。而此外，文学叙事存在众多的隐喻、移情和模糊处理，对于这些内容，法律叙事学应当慎重对待。我想，出色的法律叙事，尤其是法庭叙事，仍然应当遵循法庭审理的程序和规则，使用我们规范性的法言法语，而不是人为地创造出新的语言和语境。法律叙事研究的重要实践价值，仍然在于它对法律语言内在逻辑的深刻理解和巧妙运用。简单来讲，就是如何让人相信你的故事。我们知道，叙事是叙述者、接受者、叙事内容和接受者自身认知经验形成的体系。叙事学对法律语言的影响，可能更多地体现在研究如何让接受者认可相应叙事。在存在陪审团制度的国家，法庭叙事的语言风格更倾向于让陪审团成员接受，非常有特色，有时还有一定的煽情色彩。在我国，我们就要更加注意语言风格是否能为法官所接受的问题。根据我的经验，中国的法官更能接受简洁、规范、有力和适度的公诉人语言风格。一句话来讲，成功叙事是我们的目的，要想成功叙事必须遵守法律语言的规范性。

七　以法律叙事学为指导开展法庭询问

那么，我们如何从叙事学应用角度，来看待法庭语言的运用呢？下面，我结合公诉人出庭中的询问证人为例来说明这一点。

（一）概述：什么是法庭询问证人

众所周知，证人出庭作证，是现代庭审制度的基本要求，也是保障司法公正的至关重要条件。证人出庭质证与书证、物证、视听资料等其他证据相互印证，使刑事诉讼证据链条的各个环节成为有机的整体，共同证明案件的事实。对此，我国《刑事诉讼法》第 62 条第 1 款规定：“凡是知道案件情况的人，都有作证的义务。”第 61 条规定：“证人证言必须在法庭上经过公诉人、被害人和被告人、辩护人双方质证并且查实以后，才能作为定案的根据。”第 194 条规定：“公诉人、当事人和辩护人、诉讼代理人经审判长许可，可以对证人、鉴定人发问。”《最高人民法院关于适用〈中华人民共和国刑事诉讼法〉的解释》第 259 条规定：“证人出庭后，一般先向法庭陈述证言；其后，经审判长许可，由申请通知证人出庭的一方发问，发问完毕后，对方也可以发问。法庭依职权通知证人出庭的，发问顺序由审判长根据案件情况确定。”

以上规定清晰表明，询问证人是一种法律叙事。根据之前我们对法庭叙事所作的概括，询问证人有三个层次的意义：第一层意义是，证人自己作为叙述者，叙述自己所认为的案件事实情况；第二层意义是，公诉人或者律师为了实现自身叙事目的（指控或者辩护），而借助证人叙事来加强自身中心叙事；第三层意义是，判断证人的叙事在多大程度上能够影响到整体叙事，也就是法官对于证人叙事在整体叙事中的价值大小进行判断。

在英美法系国家，受当事人主义诉讼模式的影响，庭审的基本方式是以当事人为主的“直接询问”（direct-examination）和“交叉询问”（cross-examination）。所谓交叉询问就是由控辩之一方先对己方证人进行询问，对方再进行反询问的证言调查方法。西方有句法谚：“律师的声誉，生于交叉询问，死于交叉询问。”由此可见，英美法系视交叉询问为最好的真相发动机，因此其对证人出庭作证、接受控辩双方的交叉询问非常看重，任何证据都必须经过交叉询问才能成立，即便是物证的提取者（侦查人员）、专家证人，也需要出庭接受交叉询问，这是质证的基本方式。同时，围绕交叉询问，英美法系国家也设定了许多相关的原则和制度。

而从我国有关的司法解释和实践中的做法来看，目前采用的是法官查证与当事人质证相结合的方式，在一定程度上包含了交叉询问，但还不是真正意义上的交叉询问，顶多是一种交替询问。① 之所以这么讲，乃是由于，这种交替询问无法充分实现交叉询问的价值，可能流于形式、走过场，情节空虚、拖沓，无法实现法庭叙事的目的。

（二）法庭询问证人的目的

公诉人在法庭询问证人，应当考虑从以下角度总结发问的目的。

第一，向法庭叙述有利于控方指控的案件事实。作为法庭询问证人的主询问一方，公诉人主要通过向对象（包括证人、被害人、鉴定人等）发问，由其说出控方指控的案件事实真相，提高指控事实的可信度，加大指控观点的力度。这是控方发问的主要目的。同时也要通过主询问来合理解

① 顾永忠、苏凌主编《中国式对抗制庭审方式的理论与探索》，中国检察出版社，2008，第 96 页。

决案件中存在的一些疑问。

第二，向法庭叙述辩方对案件事实的认识错误，以反证己方叙事。交叉询问的主要功能之一就是在提高有利于控方的证据可信度的同时破坏辩方的证据，或者降低辩方证人证言的可信度。因此，为了让法官注意到辩方对事实的认识错误，反询问方（针对辩方证人）则需要通过挑剔性的提问，将有差异的事实细节或者差异中对方描述的事实或试图描述的事实的不合逻辑或情理的地方暴露出来，降低对方事实陈述的可信度，以提高己方描述事实的可信度。

第三，为己方后续举证、质证和法庭辩论等整体叙事安排做好铺垫。法庭调查是一个动态的过程，而证据的展示又具有整体性，因此，控方应当有全局的观念，同时，对抗式庭审中，法庭调查和法庭辩论并无明显的界限，只是法庭辩论更侧重对法律适用的分析，法庭调查更侧重对证据的分析判断，因此，法庭调查询问证人不仅要查明事实，同时也要为法庭论辩做好铺垫。

（三）法庭询问证人的策略

为了实现控方的控诉意图及阶段性的询问目的，控方应当遵循法律的规范要求，这是一个前提性、外显性的预警因素。

首先是法庭询问证人的规则。最高人民检察院 2018 年印发的《人民检察院公诉人出庭举证质证工作指引》第 31 条规定：“询问出庭作证的证人，应当遵循以下规则：（一）发问应当单独进行；（二）发问应当简洁、清楚；（三）发问应当采取一问一答形式，不宜同时发问多个内容不同的问题；（四）发问的内容应当着重围绕与定罪、量刑紧密相关的事实进行；（五）不得以诱导方式发问；（六）不得威胁或者误导证人；（七）不得损害证人的人格尊严；（八）不得泄露证人个人隐私；（九）询问未成年人，应当结合未成年人的身心特点进行。”

由此，可以总结出以下几个原则。第一，关联性原则。交叉询问的问题应当与案件事实有关。对于不具有案件关联性的问题，证人可以拒绝回答，但是涉及证人资格的问题除外。第二，保护证人人格尊严原则。在对证人资格提出质疑时，可以涉及与个人信誉和品行有关的问题，但是禁止对证人施以人身攻击、损害人格尊严或在公开审判中泄露隐私。第三，禁止诱导性发问原则。注意发问方式，不得以诱导性方式提问。第四，禁止威胁原则。不得提出威逼性的问题，不得威胁证人。第五，异议原则。如果一方认为对方在交叉询问中提问的方式不当或内容不合适，应当及时在法庭上提出异议。第六，程序原则。禁止不遵守法定程序的提问。

对此，我们比较关心的是如何认定诱导性发问的问题。《最高人民法院关于适用〈中华人民共和国刑事诉讼法〉的解释》第 261 条第 1 款第 2 项规定，“不得以诱导式方式发问”。《人民检察院刑事诉讼规则》第 402 条第 1 款规定：“讯问被告人、询问证人不得采取可能影响陈述或者证言客观真实的诱导性发问以及其他不当发问方式。”第 2 款规定：“辩护人向被告人或者证人进行诱导性发问以及其他不当发问可能影响陈述或者证言的客观真实的，公诉人可以要求审判长制止或者要求对该项陈述或者证言不予采纳。”但相关司法解释对何谓诱导性发问没有明确规定。

美国《布莱克法律词典》下了定义：凡指示证人如何回答或将回应文句嵌入问话中者，均为诱导性询问。《加州证据法》第 764 条规定：“诱导性问题，就是对证人暗示询问者所期盼的回答的问题。”由此，我们可以认为，诱导性的问题通常以某种形式预设一个前提，然后要求证人同意该前提。例如，询问人对证人说：“你有一支五四式手枪，对不对?”这就具有诱导性。该问题预设了证人的确有那一类型的枪。而非诱导性的问法应该是：“你是否持有任何形式的武器?”

其次是主询问的策略。所谓策略是一种方式、方案，主询问的策略就是公诉人在法庭询问证人过程中结合询问的目的，所采取的应对方案和思路。我们认为，作为庭审中主询问一方的公诉人主要应当做好以下几方面工作。

第一，最大限度了解证人并做好证人的筛选工作。通过在案件审查起诉阶段与证人的接触，公诉人应当对自己的证人有大致轮廓上的认识，如果了解案件事实真相的人并非一人，就没有必要让所有人都去向法庭重复同一内容，控方应当对证人进行筛选，尽量筛选出了解全部真相，语言表达能力、临场应变能力尚佳的人出庭作证。

第二，适当安排证人的出庭顺序。心理学研究表明，人的记忆有“首位效应”和“临近效应”的特点，把最关键的证人或最关键的事实叙述放在开头或结尾来进行。这是非常重要的叙事结构问题。

第三，做好庭前准备并交代注意事项。由于证人并不经常接受法庭询问，因此公诉人应当尽量交代注意事项，如讲实话，稳定，耐心，礼貌，听懂后再回答，不懂一定要问清，不要用猜忌的语言回答问题，回答问题简明扼要，尽量不解释，说话语速放慢，等等。同时要结合法官的性格、辩方的反询问风格，事先帮自己的证人进行准备，在不违背客观事实的基础上尽量避免由证人当庭情绪波动造成的不利。

第四，尽量使用开放式语言发问。主询问要以证人为中心，要让证人从容不迫地说清全部案件事实，公诉人要做的是使用开放性问话循序渐进引导证人（不是诱导）有条不紊地提供证言。切忌公诉人自我表现过度！当然，对一些说话颠三倒四、天生唠叨、不善于总结的证人，公诉人也要适当地控制询问的方向和节奏。

第五，主询问应当缜密逻辑、条理清晰。主询问是公诉人思维严密且具有逻辑性的体现，只有循序渐进、巧妙连接、有效还原的证言才是成功的证言。特别是要突出重点，让法庭清楚地看到案件的关键事实，切忌力求单一证言锁定全部案件事实，正确的方法应当是对每个证人都要明确他在案件中证明的关键点，将每个证人的关键点有效连接，形成对己方有利的证言链，视情况再用其他证言或证据材料对薄弱关键点进行补强。

以上只是公诉人的规律性工作，同时需要因案而异地根据不同案件的语境因素，制定相应的询问规划，设计相应的文化言语链，即叙事结构。

再次是反询问的策略。控方要进行反询问，通常针对辩方提供的证人证明的是被告人没有作案时间、没有作案动机、没有实施犯罪行为等等与犯罪要件相关的事实。因此，控方进行反询问的目的，一是得到对己方有利的陈述；二是破坏对方证人陈述的可靠性，即通过提出对方证人的不良品格、对一方当事人有偏见、感知能力或表达能力的缺陷、前后不一致的陈述等，质疑证人的可靠性，降低证人陈述可信度：最终起到增强自身中心叙事的效果。

对此，我们公诉人就需要思考：该证人的证言对案件是否不利？通过反询问能否得出对己方有利的证言？是否知道证人将如何回答问题？该证言是否可能被怀疑？证人是否可信？攻击对方证人的可靠性，是否也破坏了已得到的对己方有利的事实的基础？如果前四个问题的回答是否定的，而后两个问题的回答是肯定的，那么就没有必要进行反询问。这里讲的是反询问的必要性问题，不是对所有的辩方证人都要进行反询问。

公诉人一旦决定要进行反询问，应该就以下几方面进行准备。

第一，了解信息。知己知彼，方能百战不殆，因此有效的反询问建立在对辩方证人充分了解的基础之上，控方一旦得知辩方有证人出庭，就必须及时与法庭联系，在第一时间掌握出庭作证的证人名单，并结合名单向己方证人和当事人了解对方证人情况。

第二，明确范围。包括反询问的证人范围以及反询问的内容范围，如证人与案件、当事人是否有利害关系，证人前后陈述是否自相矛盾，证人的观察力或记忆力等感知能力是否有缺陷，证实的内容是否模棱两可，证人人品是否可靠，等等。

第三，拟订提纲。作为辩方证人，其必定与辩护人事先拟订了问答提纲，意在向法庭呈现对辩方有利的事实。作为反询问一方，其应当结合案件相关事实，以及了解的相关证人情况来制定反询问提纲，预测辩方证人的证明事实内容，确定推翻或是降低对方证人证言可信度的切入点以及辩方证言变化后的当庭应对等。

此外，法庭反询问通常应当采用以下的方式：一是一次只问一个问题，二是不要问已经有结论的问题（避免不合作），三是掩藏自己问话的目的（通常证人已经受过主询问一方的训练），四是切忌与问话对象争论。

另外，我们在询问特殊证人的时候，比如鉴定人员，对其专业能力和资质、经验要予以特别关注，对于案件相关专业知识要全面掌握，并在庭前与相关人员就案件的事实进行及时、有效的沟通，要挑选适当的专家证人出庭，当然在法庭上还要注意及时有效利用异议原则，合理维护证人形象。

19 世纪美国著名律师威尔曼告诉我们，从事交叉询问的律师“需要有出众的天赋、逻辑思考的习惯、对广泛常识的清晰把握、无穷的耐心和自制力、通过直觉而透视人心的能力、从表情判断个性进而觉察动机的能力、精确有力的行为特点、对于与案件相关知识的精湛理解、极度的谨慎以及——这是最重要的——质证过程中敏锐地揭露证词弱点的能力”。这是通过询问，运用准确的语言来加强法庭叙事的准则，不仅适用于律师，也适用于公诉人和其他有志于从事法律职业的人。

最后谈一点实训问题。法律语言的运用与公诉人的语言个性和风格的形成，依靠的是长期的庭审实践和培训。英国法学家坎恩认为：“交叉询问是检验证人品质诚实与否和证言是否准确、可靠、完整的一架最佳测试仪。”这种询问不能预演，它比直接询问要困难得多，充满变数，充满挑战。但其实通过上述的举例我们可以看出，公诉人作为法庭询问证人活动的语用主体，在法庭上精心设计的问话以及具体的文字言语组合，都是建立在对案件相关证据材料、证人情况及案件事实的掌握之上的，受制于其自身的知识储备、审理程序及法律规范要求、控诉意图以及活动各方对于话语的表达能力和感知能力等语境因素。因此，一些特殊案件的特殊语境可能是无法模拟的，但一些相对规范、相对固定的语境还是可以模拟的，因此我认为目前的实训方式在基础性、规范性的培训方面还是可行的，更重要的是通过实训培养公诉人的语言运用意识，在实践中不断纠正、完善和提高。

关于叙事学与询问证人的结合对法庭语言的影响，目前我们还处于初步探索阶段，还没有产生充足的研究成果。甚至我们需要承认，目前来讲，法律叙事学研究至多是为法律实务研究提供了一种解释分析工具，远没有达到实践应用的程度。希望在座各位不吝提出批评指正，让我们能够在这一研究方向上继续开展更有意义的探索。我想用王洁教授多年前的一段话结束：“法庭互动语言要求检察官、律师不仅要有法律知识，还要具备法律思维和法律语言应变能力，以及逻辑思维和推理、语言组合的问答语言智慧。而对法律的忠诚是保证法庭互动语言生成纯洁公正语境的首要条件。语言智慧和技巧，则来自司法实践的磨砺和经验的积累。”

刑事裁判文书的语言重构问题*

——以现代刑事司法理念为视角

河南省郑州市中级人民法院　赵永纯

摘　要： 在处理刑事案件时，制作裁判文书这一环节至关重要。为让人民群众感受到公平正义，须重构刑事裁判文书。即对指控内容、辩护语言、查明事实、证据认定、评判部分等内容进行言语构建以及法律化处理。在重构的过程中，应遵循一定的原则和方法，符合现代刑事司法理念，从而增强刑事裁判文书的可读性，彰显其法律性、权威性和公正性。

关键词： 法律语言；裁判文书；语言重构；语言规范

怎样才能让人民群众在每一个司法案件中都感受到公平正义？具体到刑事案件，最主要体现在裁判文书的制作上。

在实践中，笔者曾听到检察院同志戏称，制作判决书还不简单，把起诉书改头换面就可以了。也曾听律师界朋友抱怨，他们洋洋万言的辩护，怎么在判决书中就不见了。在实际工作中，笔者还看到有不少的判决书，确实存在照搬起诉书指控事实、漏列辩护观点、认定事实倒置、评判不讲逻辑、量刑不讲理由等突出问题，让当事人不知所以然，感受不到公平正义。文书制作中的这些乱象，实际上就提出了刑事裁判文书是否需要重构以及如何重构的问题。

刑事裁判文书的重构，是指对控辩意见、查明事实、证据认定、评判

---

* 本文在2013年“法律语言高端论坛”讲稿的基础上整理而成。

理由等内容的语言构建及法律化处理。通过重构，使之真正成为独立完整、自成体系、明辨是非、说理充分、合乎情理的法律文书，以达到和实现让当事人读得懂、看得明、感受到公平正义的目的及效果。可以说，裁判文书的重构是由人民法院的独立审判职能和刑事法律规定决定的。没有重构，就难以彰显其法律性、权威性和公正性，从而也不可能让人民群众从中感受到公平正义。

对刑事裁判文书的重构，应当按照其体例、结构，依据刑事法律的有关规定和现代刑事司法理念进行。下面，笔者以公诉案件的定罪判刑判决为例，对文书重构问题谈些看法。

一　指控内容的语言重构

没有起诉，就没有审判。起诉指控内容当然是刑事判决书的组成部分。然而，目前的判决书制作较为普遍存在着对检察院起诉书的照抄、照搬问题，有的甚至把起诉书中的错别字和明显的瑕疵、病句都原封不动搬了过来。更为突出的问题是，对起诉书的照抄、照搬，极易导致判决书控审结构的不协调。例如，有的判决书“指控事实”与“审理查明事实”完全一致，甚至连一个字、一个标点符号都没有改变，审理查明事实完全成了指控事实的复制；有的判决书则存在着“指控事实”与“审理查明事实”两部分内容的倒置，即对审理查明事实进行简化，使之成为对指控事实的缩写，头重脚轻，判决所依赖的事实、情节尽失。有鉴于此，很有必要对起诉书指控内容进行重构。

起诉指控内容作为法院的审理对象，在进行语言重构时应遵循以下原则与方法。

（1）保持原意。即重构而不失原意，保持案件事实、情节、危害程度、指控罪名、量刑建议等起诉指控的基本内容不变，做到不漏人、不漏项、不漏罪、不漏基本数据、不漏量刑情节。

（2）简繁适度。即重构而不照抄照搬，区分不同指控内容，当简则简，当繁则繁，做到简繁适度。对案件罪名单一，也没有明显的语法文字错误的指控内容，把它搬过来也未尝不可；但如果是多起事实、多项罪名的指控，甚至指控内容存在明显的语法文字错误，就需要进行必要的归纳和修正，不能让起诉书全部内容在判决书中被复制，更不能让起诉书中的低级错误在判决书中得到延续。

（3）清晰明了。即重构后的指控内容，应言简意赅、层次分明、内容明确、指向清晰，使之成为审理的重心和靶子。从这个意义上讲，对指控内容的重构，也是对庭审重点的把握，其重构的意义远远超出了文书制作的范畴，它对办案质量的整体提升能起到促进作用。

另外，关于指控罪名的归纳，有的同志把起诉书引用的法律条文都搬了过来，我认为大可不必。当然，如果法院认定的罪名有所改变，把起诉书引用的法律条文搬过来则是必要的。

二　辩护观点的语言重构

辩护权是刑事被告人最主要、最基本的诉讼权利。对被告人的辩护权，司法机关不得以任何方式和理由予以限制和剥夺。被告人辩护权的行使主要体现在当庭发表的辩护意见上。案件情况的不同，以及被告人文化层次、生活阅历等方面的差异和辩护人业务水平、职业特点等因素的影响，反映、体现在辩护意见上，也会有所不同，甚至存在很大差别。例如，被告人当庭供认有罪，辩护人则做了无罪辩护；再如，辩护人一方面做无罪辩护，但另一方面又认为被告人构成犯罪，建议法庭对其从轻处罚。有份辩护词这样写道："起诉书指控××犯职务侵占罪的事实不清、证据不足，建议法庭按照疑罪从无、疑罪从轻的原则，对××减轻处罚并判处缓刑。"面对这些"辩点乱象"，就必须对其进行重构。所谓辩护观点的重构，其实就是对被告人及其辩护人当庭发表的辩护意见的再归纳、再整理，使之与指控意见相对应，形成完整的诉辩内容，为法庭的居中裁决提供依据。

在判决书中重构辩护观点，应符合以下要求。

（1）明确辩点，排除矛盾。一是要向前延伸，把含混不清、自相矛盾的辩护观点尽量解决在庭审辩论阶段。也就是说，在庭审辩论阶段要注意做好辩护观点的总结与归纳，当出现辩点不明或者自相矛盾的情况时，应当庭问明和及时排除，并将问明和排除情况记录在案，以免在制作文书时出现重构困难。二是当休庭后辩护人提交的辩护词与当庭发表的辩护意见不一致，甚至出现矛盾时，应做好庭外调查核实工作，并与公诉人做必要的沟通，以确认最终辩护观点。

（2）实事求是，客观全面。也就是说，在归纳辩护观点时，是什么就归纳什么，不做推断性归纳；有什么就归纳什么，不能遗漏辩护要点。推断性归纳辩点，在重构上想当然，可能造成对辩护意见的曲解，极易导致当事人对法庭公正的怀疑，不利于案件矛盾的化解。例如有个故意伤害案件，被害人左眼受损失明，法官在文书中的辩护观点部分写道："被告人×××对指控的基本伤害事实无异议，但辩称其没有打被害人头部，没有见到流血。"这种归纳显然是欠妥的，甚或是矛盾的。因为被害人的受伤部位在头部，是否击打被害人头部正是对该案基本事实的争议，怎么能说对指控的基本伤害事实无异议呢？遗漏辩护要点，本身就是对辩护权的不重视、不尊重，是公正司法所不允许的。

（3）层次分明，突出重点。辩护意见的发表和辩护词的写法因人而异，没有统一固定模式，即被告人及其辩护人发表何种辩护意见，如何发表辩护意见，完全取决于他们对案件的理解认识和表达习惯。而裁判文书制作则不同，它有相对固定的格式，先写什么，后写什么，只能按格式要求进行。可以说，对辩护意见的重构就是让其符合裁判文书的制作格式，并为判理部分的叙写提供便利条件。所谓层次分明，就是把被告人与辩护人的辩解、辩护意见分别归纳，特别是在被告人与辩护人的辩解、辩护不一致的情况下更应如此；在共同犯罪案件中，对各被告人与辩护人的辩解、辩护意见，原则上应分别分段表述（当他们的辩护观点完全一致时，应集中表述）；当提出多项辩护观点时，应按照先定罪意见后量刑意见、先法定情节后酌定情节、先刑事意见后民事意见的顺序展开。所谓突出重点，就是把影响定罪量刑的意见放在首位，不仅要归纳指明观点，而且要概括说明理由。

以上重构内容也是对辩护词制作提出的基本要求。辩护观点越明确，说理越充分，表述方法越科学、越恰当，就越有利于法官的归纳和重视，从而也就越有利于实现辩护目的。

三 查明事实的语言重构

对于被告人构成犯罪的案件来说，裁判文书中的“查明事实”，既是控辩双方意见的综合反映，也是犯罪构成要件、犯罪形态、犯罪情节及危害后果的具体体现，还是判决结果的事实根据。鉴于目前此部分普遍存在着照搬起诉指控事实现象，并由此导致原因动机、行为过程、因果关系、量刑情节等叙述不清以及过早出现行为定性等突出问题，这部分的语言重构显得尤为重要。此部分的语言重构有以下特点。

（1）证据性。即用证据说话。审理查明的事实，不是凭空想象的，而必须是有证据证明的。无证据证明的那些所谓的事实，不能成为定罪量刑的根据，从而也就不应成为此部分的内容。以此标准来审视控辩事实，就存在着对控辩事实的过滤、筛选问题。经过过滤、筛选，对有证据证明，且对定罪量刑有一定作用，但被控辩双方所忽略的那部分案件事实，应当作出补充认定；反之，对无证据证明，或对定罪量刑无实际意义，但被控辩双方所主张的事实，则应予删除。总之，应通过重构实现查明事实与认定证据的“无缝对接”。

（2）完整性。即必须确保查明事实的完整性。审理查明的事实，从法律角度讲就是法律事实。具体到刑事案件，法律事实就是对犯罪构成要件、犯罪情节特征的事实化叙述。而刑法规定的犯罪构成要件与犯罪情节特征均是相对完整的，由此决定了查明事实必须具有完整性。从文学角度讲，审理查明的事实，其实就是在叙述一个案情“故事”。既然是故事，就要讲究其完整性，人物、时间、地点、前因、后果、行为过程、行为情节等，哪一样都不能少！有的故事看上去像是没有结局，但在文学上也会称为“无言的结局”。有的案件，如犯罪的预备、未遂和中止，似乎也无实际结局，但在刑法上，这些犯罪的未完成形态也是一种结局，是犯罪行为中断后的结局状态。很难想象，残缺不全的事实认定能够带来充分的说理效果和完美的判决结果。

要确保查明事实的完整性，首先要对证据进行梳理，还原犯罪行为的演变实施过程；其次要有现场观念，对犯罪现场要了如指掌，视现场如战场，展开“故事”的叙写，必要时应亲自到现场查验，以探寻发现证据间的联系；最后要反复修正，要明确审理查明事实是一个认识分析案情的过程，这就如同写文章，只有通过反复修正，才能把“事实认定”这篇文章写好。

（3）客观性。即客观叙述案情，不急于在此对案件定性。审理查明的事实仅仅是案件事实，而不是对案件的分析评判，也不是对案件的处理结论。据此，在此部分只需把查明的案件事实叙述清楚就可以了，而不应过早地给案件定性。实践中，有不少判决书在此部分就过早出现了“犯罪”一词，例如“关于被告人犯盗窃罪的事实”“被告人的犯罪行为对被害人造成了一定的经济损失”等表述，就直接对被告人的行为进行了定性。查明事实的定罪化，不仅有违判决书定罪逻辑，也会使判决缺乏理性。

（4）据实性。即实事求是表述案情，不做法律之外的夸张比喻。对查明事实部分的叙写，应当据实、客观、理性，而不应夹带个人感情色彩。实践中常见用“心胸狭窄”“心怀不满”“心生仇恨”等词语来形容被告人作案动机，用“猛掐颈部”“猛烈捅刺”“凶残杀害”等词语来形容被告人作案强度，用“勾结”“勾引”“腐蚀”等词语来形容被告人组织共同犯罪人，用“逃窜”“潜逃”“逃跑”等词语来形容被告人作案后的逃避状态。这些词语就带有个人感情色彩，在法律语言中很难找到出处，于据实叙事无补，且有丑化之意，应予摒弃。

四　证据认定的语言重构

运用分析证据，证明案件事实，是判决书的重要组成部分。目前此部分存在的突出问题是：抓不住核心证据构建证明体系；只做简单的证据罗列，不分析证据之间的联系；遗漏主要证据或使用无关证据；引用的证据之间存在矛盾，且没有分析排除；引用的证据系非法证据；有的甚至把被告人的辩解作为定罪证据使用；等等。因此，对此部分的叙写应注意以下几点。

（1）证据确认的格式化。目前证据确认的语言表述比较随意，有的甚至看不到对证据来源及证据是否合法有效的确认内容；建议根据《最高人民法院关于适用〈中华人民共和国刑事诉讼法〉的解释》有关证据的规定，形成格式化语言，以此解决证据认定的随意性问题。

（2）引用证据的顺序性。即引用证据要讲主次、讲顺序，而不是把各种证据简单地堆砌在一起。一般来说，判决书中证据的排列顺序主要取决于案件事实的认定顺序，即根据事实认定的行为过程、发展情况，来安排证据顺序。但有时也应根据案件的侦查取证顺序来安排证据顺序。例如，被告人犯罪后没有被发现，主动投案的，就应将被告人投案后供述的事实作为第一项证据，把其他证据作为印证证据予以排列；对于先发现其他证据，被告人归案（含自首）后仍予供认的案件，应先写其他证据，然后写被告人供述证据；对于分解尸体以及尸体已高度腐烂或已白骨化的案件，被害人身份确认证据是核心证据，必须形成相对独立的证据证明体系，使得出的结论具有唯一性、排他性；民事损害事实因具有附带性，其相关证据当然应放在刑事证据之后。

（3）证据内容的概括性。证据内容有简有繁，言词证据、鉴定意见、勘查笔录、有关书证等，通常内容较多，特别是言词证据，不乏冗词赘句、方言土语充斥其中，很有必要对其进行梳理归纳，以强化其针对性和证明力。梳理归纳证据内容应紧贴原意、简繁适当、取舍得体，切忌断章取义或通篇照搬。

（4）证据体系的完整性。任何案件事实，都需要有一个完整的证据体系来证明。证据体系的构建，绝不是各个证据的简单罗列，而是要通过对各个证据的分析来完成。证据分析，通常以现场实物证据为中心，以行为实施证据为主线，分析证据间的内在联系和印证情况，使之形成环环相扣的证据链条。只有以此形成的证据体系，才是完整的、确定的，从而才能得出唯一、排他的结论。实践中出现的冤假错案，无一不是证据体系的完整性出现了问题。

五　评判部分的语言重构

对于定罪量刑案件的裁判文书来说，评判部分主要由指控犯罪评判、辩护观点评判和量刑意见评判三部分组成。评判部分的语言重构，实际上就是对已查明事实的法律评价，使案件事实与法律规定有机结合，并为最终的法律适用和判决结论提供理由支持。

（1）指控犯罪评判的重构。指控的犯罪能否成立，需要以法庭查明的事实为根据，以刑法关于具体犯罪构成的规定为准绳来确定。打个比方说，既然要给人定罪，就要“罗织罪名”。当然，这里的“罗织”绝不是凭空捏造和简单罗列，而是基于法庭查明的事实和刑法的规定，对被告人的行为构成何罪、构成几种罪以及犯罪情节状况做具体认定，由此实现对指控犯罪的法律评价。具体来说，要处理好以下三个关系。

一是处理好法定犯罪构成要件与法庭查明事实要件的关系。前者是刑法规定的罪状，后者是法庭查明的事实，要认定被告人构成犯罪，就必须按照刑法规定对查明事实做“罪状化”处理，也就是把查明事实植入法定罪状，以此完成对被告人行为的定罪。如系数罪，则应完成数罪的事实植入与罪名认定。若认定罪名与指控罪名相一致，应表示对指控罪名予以支持；不一致的，则应简要说明理由，表明对指控罪名予以纠正；如果认定罪名与辩方观点相一致，即应表明对辩方观点予以采纳，以后不再做重复评价。

二是处理好定罪情节与犯罪情节的关系。前者是构成犯罪的条件，当然应在犯罪构成的要件中表述；后者则是犯罪的情形状态，反映犯罪的严重程度，直接决定着法定刑的选择与适用，当然应紧跟在定罪之后表述。以盗窃罪为例，如系数额较大的盗窃，由于数额较大是定罪的一个条件，就应将此表述在构成盗窃罪之前；如系数额巨大或数额特别巨大的盗窃，则应写在构成盗窃罪之后，以示对盗窃犯罪程度的评价，并为确定相应量刑幅度提供依据。

三是处理好犯罪情节与量刑情节的关系。前已述及，犯罪情节是罪状的组成部分，应结合定罪去表述。而量刑情节尤其是法定量刑情节，如从犯、未遂、中止、自首、立功、累犯等，则具有相对独立性，必须依照法律规定的构成条件和法庭查明的相关情节事实来确定。实践中，对量刑情节的认定与表述，可谓五花八门，有的在指控犯罪评判中认定与表述，有的在辩方观点评判中认定与表述，有的在量刑意见评判中认定与表述，有的在查明事实部分直接认定，还有的不做分析认定而是在量刑时浅尝辄止。笔者认为，从裁判文书的整体构架和语言逻辑考虑，对依法能够成立的量刑情节，在定罪之后给予评判认定，这些情节对量刑的影响，在量刑意见评判中去具体考量，是比较合理的。

（2）辩护观点评判的重构。对被告人、辩护人辩解、辩护观点的评析，直接关系当事人乃至社会公众对裁判公正的感受与认同，因此在语言重构上要有的放矢，富于理性。根据司法实践，应注意以下几点。

一是开好头。即把辩点写准，对准辩点评判。实践中，有的把辩点写得过于冗长，甚至把多个互不关联的辩点混在一起，成了辩点“大杂烩”，这就很难下手评判，要么就是东一榔头西一棒子，缺乏评判针对性；有的则把辩点写得过于简单，如称“关于被告人的辩解理由”等，缺乏观点内容，不能有的放矢。凡此种种，都会影响评判的质量与效果。

二是排好序。当出现多人、多事、多辩点的情况时，就要区分主次、排好次序、依次评判。把主要人、主要事、主要辩点评判好了，就很容易解决其他辩点，甚至可以带动其他辩点的解决。

三是分层次。不仅前述的辩点排序决定了评判的层次，而且对同一辩点的评判也要注意讲层次。只有从多角度、多层面评判辩点能否成立，才能形成对裁判文书的充分说理。

四是不违法。即评判辩护观点不得违反法律的规定。例如，对被告人的无罪辩解就不能简单用“缺乏证据支持”予以驳回。因为依照刑事诉讼法的规定，被告人是不承担证明自己无罪的责任的。既然无罪辩解不成立，就应具体说明不成立的理由，仅以“缺乏证据支持”予以驳回，显系违法。

五是合情理。即评判辩护观点应合乎情理。例如有个贪污案，被告人辩称：“起诉书指控的这笔款我用于公务支出了，因为有些支出没有正规票据，只好用维修办公用房的名义作了充抵。”经法庭查证，被告人作为集团公司总经理，平时确实存在有支出无票据的问题，如单位职工的婚丧嫁娶、应急招待等，就有相关证人证明，如让其提供票据就强人所难了，当然也不合情理。最终法庭以“不能排除此款项用于公务支出的合理怀疑”而支持了该辩解。

六是看得明。对辩护观点的评判就是给被告人以“说法”，应让其读得懂、看得明。在评判时，诸如牵连犯、竞合犯等冷僻的法律术语，尽量少用甚至不用；抽象的法律关系应尽可能具体化，使之有血有肉，不能空洞无物；语言风格上应力求通俗朴实，不能生搬硬套，更不可强词夺理。

（3）量刑意见评判的重构。量刑意见评判直接关系量刑结果，因此必须将之作为一个独立部分去设计。目前有相当多的裁判文书都缺少这一设计，有的没有把量刑意见评判作为一个独立部分去完成，而是显得凌乱、分散，影响了说理效果。结合实践中存在的问题，笔者建议：首先，要概括说明被告人的犯罪程度，并据此确定应当适用的量刑幅度；其次，要对各种量刑情节进行分析评判，确定对量刑的具体影响，是从轻还是从重、是减轻还是免刑，均应表明态度，而不能似是而非、模棱两可；最后，对拟作出免刑、缓刑、死缓处理的，还应说明具体理由，例如死缓，按照《刑法》第 48 条第 1 款规定的条件，应当先说明被告人所犯罪行极其严重，论罪应判处死刑，但考虑其能够主动投案（或被害人有过错，或能积极赔偿损失，或在共同犯罪中尚未起最主要作用），可不必立即执行。

关于语言研究中的几个本原性问题

西北政法大学　刘蔚铭

摘　要：法律语言作为自然语言的一种功能变体，是对自然语言在法律语境下的反照。本文从老庄语言哲学的视角切入，借鉴平衡论的观点，对法律语言研究中的几个本原性问题进行探讨，包括法律语言的本质与存在、法律语言的理论与应用、法律语言的规范化与职业化以及法律语言的局限性，在天道自衡和人法天道之中，探寻人道失衡之中的法律语言，旨在使法律语言从困境之中得到解脱。

关键词：法律语言；老庄哲学；本原性；本质与存在；规范化与职业化

法国哲学家卢梭（Rousseau）说过："即使对司空见惯的事物进行观察，也需要具有哲学的头脑。"[①] 据此也可以这么认为，人一旦有了哲学思维，就能够以一种更理性和更深入的角度去观察整个世界。对普通的事物尚且如此，那么对鲜为人知的法律语言进行观察，更需要哲学的头脑，更需要理性和深度，以从中发现其本质和规律。

法律语言涉及层面繁多，下文仅探讨四个问题：法律语言的本质与存在、法律语言的理论与应用、法律语言的规范化与职业化以及法律语言的局限性。

---

① 转引自〔丹麦〕奥托·叶斯柏森《语法哲学》，何勇、夏宁生、司辉等译，语文出版社，1988，第1页。

一 本质与存在

哲学家说，我不知道哲学是什么。语言学家说，我不知道语言学是什么，不知道语言是什么。法律语言学家说，我不知道法律语言学是什么，不知道法律语言是什么。听起来这是一件滑稽可笑的事情，可事实是我们对此无法作出完美界定，也不可能找到“什么是法律语言学”以及“什么是法律语言”的终极答案。真可谓“道可道，非常道，名可名，非常名”(《道德经》)。语言模糊至极，语言具有自身的局限性，人类对语言的认识也具有局限性。其实，我们经常会感到迷惑，不知道我们到底在做什么。

英国哲学家维特根斯坦（Wittgenstein）说：“除了本质以外，不要把他人的例子作为你的指南。”① 王阳明说：“为学须有本原，须从本原上用力，渐渐‘盈科而进’。”② 因此，我们需要从法律语言的本质与存在入手研究法律语言，应当从本质上思考问题，在研究中保持一份清醒、一份睿智，一步一步地接近法律语言的“真谛”。

海德格尔（Heidegger）认为，语言是存在的家。现代哲学把语言视为人的存在方式和依托，而不是语言依赖存在而存在。③ 伽达默尔（Gadamer）也认为，正是依赖于语言，人才拥有世界。④ 以此类推，正是依赖于法律语言，法律人才拥有了法律。再套用巴哈伊（Baha'i）的一则箴言：法律就像玻璃灯罩，语言就像灯本身。没有光，玻璃罩便是黑暗的；没有语言，法律便是死的躯体。语言就像是灵，法律由灵获取生命。⑤

笔者曾论述道：“法律语言凭借其规则操纵着法律这部机器，使其顺利地调整着各种法律关系。倘若法律语言失范，那么法律这部机器的运转

① 〔英〕路德维希·维特根斯坦：《文化和价值》，黄正东、唐少杰译，清华大学出版社，1987，第58页。

② （明）王阳明：《传习录》，张权译注，台海出版社，2020，第23页。

③ 魏义霞：《中西语言哲学的不同特征——兼论先秦语言哲学的盛行》，《北京大学学报》(哲学社会科学版) 2006年第5期。

④ 〔德〕汉斯-格奥尔格·伽达默尔：《真理与方法——哲学诠释学的基本特征》，洪汉鼎译，商务印书馆，2007。

⑤ 〔加〕乔卡特：《广厦：中国与新世界秩序研究》，石沉译，中国工人出版社，2009，第46页。

就会出现严重故障。”[①] 潘庆云在其《国际著名法律语言学家 John Gibbons 访谈记》一文中提到 Law is language≠Language is law，认为“Law is language 这一命题是有前提的，那就是法律体系包括法典，以及法律程序的运行必须透过语言这一载体，存在并实现其固有价值，因此可以理解为法律是成功的立法者和进行司法执法的法官、律师、警察在他们的专业领域特定的语言活动的整体（语言）”[②]。所有这些理念表述了同样的道理，即语言是法律的家。正是依赖于语言，我们才拥有了法律，才有了法律人。换言之，我们用语言来描述法律是因为法律存在于语言系统里。我们必须通过语言来表述法律思想和法律问题，这是因为语言是法律的生存方式和依托，是法律存在的家园，而不是语言是依赖法律而存在的附属品。

上述表明，践行法律精神离不开语言的支撑。通过语言，人们可以理解法律精神，理解法律的发生过程。语言可以把法律变成能够沟通和交流的言语行为，可以把法律精神积淀储存起来。从这个意义上讲，语言构成了法律的存在，因为人需要在语言中去接受和理解法律，又通过语言去解释和更新法律。法律中的一切都需要语言来体现，需要语言来解读，但语言不仅是表达和理解，还反映人们的法律态度、观念、信念以及世界观。从这个意义上讲，语言表达了法律的现实。因此，要理解法律的意义，就必须理解语言的意义。语言的作用在于它是沟通作为主体的人与作为客体的法律的媒介，即沟通人与法律的桥梁。人只能在语言中表述法律，法律只有在人的语言之中得到释放与理解，才能转化成对人来说的真正的存在。语言在法律的运用中会打下深深的烙印。语言之中凝聚着法律的全部成果和结晶。这也说明语言体现着法律的认同感。在法律语境下，离开了语言，就是离开了其存在的依据，就会使人与法律的现实与真实关系变得虚幻而抽象。再者，法律具有内在性特点，离开了语言，它就不能被很好表达和理解。而语言具有表达性特点，有了语言的支撑，法律就能通过语言的形式得到充分确定与实现。因此，语言丰富多彩的形式能够表达法律

---

① 刘蔚铭：《语料库与法律语言规范化——来自法律实践中的多维思考》，《浙江工商大学学报》2010 年第 3 期。

② 潘庆云：《国际著名法律语言学家 John Gibbons 访谈记》，http://www.flrchina.com/001/001.htm，最后访问日期：2013 年 7 月 31 日。

的深刻内涵，展现法律精神。

人类的智慧有三个存在模式：求存求在的生存智慧、求名求利的剩余智慧和求存求活的剩余智慧。第一种智慧是万物的自然目标，即“天之道，损有余而补不足”，属于自然我的状态；第二种智慧是人类社会的秩序和人间万态，是人类特有的模式，即“人之道，损不足以奉有余”，属于当然我的状态；第三种智慧是天人和谐，是人类理想的模式，即“圣人之道，为而不争”，属于超然我的状态。[①] 从语言学的角度看，是语言把人类与动物在本质上区别开了，但人类仍然保留着另类的某些本质，并且集中体现在求名求利的剩余智慧之中。

不少西方哲学家对人的两面性都有深刻的认识，例如，恩格斯在《反杜林论》中说：“人来源于动物界这一事实已经决定人永远不能完全摆脱兽性，所以问题永远只能在于摆脱得多些或少些，在于兽性或人性的程度上的差异。”[②] 再如，新柏拉图学派最著名的哲学家普罗提诺（Plotinus）说：“人一半是天使，一半是魔鬼。”此外，亚里士多德（Aristotle）在其《政治学》中也有精彩论述：“人一旦趋于完善就是最优良的动物，而一旦脱离了法律和公正就会堕落成最恶劣的动物。不公正被武装起来就会造成更大的危险，人生而便装备有武器，这就是智能和德性，人们为达到最邪恶的目的有可能使用这些武器。所以，一旦他毫无德性，那么他就会成为最邪恶残暴的动物，就会充满无尽的淫欲和贪婪。”[③] 另外，英国哲学家托马斯·霍布斯（Thomas Hobbs）的“人对人是狼”以及德国哲学家亚瑟·叔本华（Arthur Schopenhauer）的“幸福不过是欲望的暂时停止”都表述了一个相同的意思：“人类与生俱来就具有与动物无异的本能欲望，如性欲、权力欲和贪物欲等等。”[④]

从本质上讲，人类社会制定的法律是与自然不协调的产物，是最低的道德，在实践中具有人为的倾向性。卢梭也曾说：“法律只不过是我们意

---

① Wang Yebin（汪叶斌），*Genera Balance Theory*（《一般平衡论》），Academic Press Corporation，2013，p. 11。

② 《马克思恩格斯选集》（第三卷），人民出版社，2012，第 478 页。

③ 苗力田主编《亚里士多德全集》（第九卷），中国人民大学出版社，1994，第 7 页。

④ 张绪山：《走出权力欲望的恶性果报》，《炎黄春秋》2011 年第 12 期。

志的记录。"[①] 法由人而定，法依人而行，这些问题涉及法治文化问题。法治文化要求倡导法律精神，尊重法律，在更深层次上把握法律。伯尔曼（Berman）说："法律必须被信仰，否则它将形同虚设。"[②] 要实现这些，就要重视法律的语言，通过语言的反省来构建我们的法治文化，因为法治文化问题从根本上说也是语言问题。当今出现种种无法解决的法律问题，原因就在于我们错误地使用了语言。

人类社会的无序和争名夺利的人间千状万态导致社会失衡。据此，法律是追求社会平衡的一种愿望和工具，其目的是达到利益和权利的平衡。法律的审判和唇枪舌剑实质就是为这样的剩余智慧服务的。拉布里奥拉（Labriola）说："全部历史就是利益的斗争，而法是那些占了上风的利益的权威性的表现。"[③] 法律语言用符号维护法律尊严和维持利益平衡，使人类社会在有序的轨道上运行。从这个意义上讲，法律语言的实质是人类社会名利之间平衡的衡器，而"名利"则是衡器上的砝码。法律的运作旨在通过法律语言使失衡的"名利"砝码重归平衡。法律离不开语言的平衡功能。

钱冠连对此曾经也有过形象的比喻：

——法律语言学则是建立起一套如何使法律走上经得起无懈可击的推敲与稳定轨道的体系。

——无序说："我要让社会这驾马车乱蹦乱跳。"法律反击道："我要对你念紧箍咒。"法律语言学对法律说："我一句一句地，准确地教你如何念好紧箍咒。"

——法律最终要靠语言建立一个阐述体系。也可以说，法律语言学是有效扼死给人类带来痛苦根源的语言体系之一。

——法律是批判人的潜在的兽性从而张扬人的潜在的善性的话语体系。[④]

---

① 〔法〕让·雅克·卢梭：《社会契约论》，杨国政译，陕西人民出版社，2004，第 32 页。

② 〔美〕伯尔曼：《法律与宗教》，梁治平译，中国政法大学出版社，2003，第 3 页。

③ 〔意〕安·拉布里奥拉：《关于历史唯物主义》，杨启潾、孙魁、朱中华译，人民出版社，1984，第 119 页。

④ 钱冠连：《法律语言使一个国家真正出场——西方语言哲学系列研究》，第四届法律语言学全国学术研讨会暨中国法律语言学研究会年会主题发言，2006 年。

这些论述形象地从另一个侧面说明了法律语言的本质和存在的理据。即便有法律语言的平衡功能，也存在“人为”的事，因此“一切法律、道德、制度、政府的目的，都是立同禁异。那些尽力立同的人、动机也许是完全值得钦佩的。他们发现有些东西对他们有好处，就迫不及待，要别人也有这些东西。可是他们的好心好意，却只有把事情弄得更惨……政府和社会把法典强加于个人以同其事，也发生这样的情况”①。天道自然，人是自然的一部分。庄子说：“有人，天也；有天，亦天也。”天人本是合一的。然而，人类社会制定的法律，恰恰是由人的自然本性丧失而来的，法律其实是与自然不相协调的。正因如此，法律语言作为针对小知间间和小言詹詹之人的杰作和工具而产生，以遏制其求名求利的剩余智慧。

二　理论与应用

从最广义的角度看，法律语言学涵盖法律和语言相交的所有领域，即涉及一切有关语言与法律的问题。可谓海纳百川，范围甚广，涉及法律领域里的话语分析、语体、句法结构、语义学、语用学、心理语言学、歧义、隐喻的应用、语言变异、双语问题，以及立法语言、法律文书、合同格式、著作权归属、法律语言翻译等等，甚至还包括医学、笔迹鉴定、标点符号的应用和计算机软件在法律中的应用等等。②

从实践的角度看，法律语言学始于应用，诞生于应用语言学。由于法系等客观原因，国内外法律语言学研究存在风格差异。如果变换一种方式称呼，可以这样区分，即“涉法语言学”和“法律语料语言学”。这两个术语是苦思冥想良久之后的产物，但它们都无法真实表达出意图。这也许就是语言的局限性或人类认识的局限性吧。如果进行解释性的框定，前者指“在法律实践中涉及语言因素的语言学”，注重语言学专业技能在法律实践中的应用和语言因素在法律实践中的功能；后者指“在语言学研究中对特定法律语料进行研究的语言学”，注重语言学理论的验证，兼顾对法

① 冯友兰：《中国哲学简史》，北京大学出版社，1985，第128页。

② 刘蔚铭：《法律语言学研究》，中国经济出版社，2003，第28页。

律实践的启示。

具体而言，这里论及的“涉法语言学”其实就是指国外的法律语言学（Forensic Linguistics）。国外的“涉法语言学”是伴随着国际法律语言学家协会（The International Association of Forensic Linguists，IAFL）的诞生、《法律语言学——话语、语言与法律国际杂志》（*Forensic Linguistics: The International Journal of Speech, Language and the Law*）的创办和常规专业学术会议的举行，而逐步形成的一门交叉专业学科。[①] 国外的“涉法语言学”是以应用为起点而产生的，因此具有应用领先、基本理论建设在后的特点，涉及语音识别、语体分析、话语分析、意义分析、法庭口译和语言证据等诸多领域。狭义的国外法律语言学研究注重实践性或应用性，以“应用”为目的，其多与具体案件密切联系。有一个普遍被接受的界定说明了这个问题：法律语言学是一门将语言学知识、方法和视角应用于法律、侦查、审判、惩罚和改造罪犯的法律语境的学科。[②] Georgina Heydon 则对法律语言学家职业性质有着简明、清晰的说明：“法律语言学家可以提供语言证据或专门对法律语境下使用的语言进行分析……（还专门分析）律师与委托人的互动、法庭话语、法官给评审团的指示、警察盘问。”[③]

这里论及的“法律语料语言学”其实主要是指国内学者学习、介绍、引进和研究国外法律语言学之后，结合自身语言学背景和专业研究方向，应用当代西方语言学理论对中国汉语法律语料所进行的一系列研究，它以语言学理论研究为目的。由于法系的差异，综观这类法律语言学研究，其突出的特点是对国外法律语言学进行介绍与分析，然后在我国法律语料之中验证、深化和创新西方语言学理论。如果用英文完整表述“法律语料语言学”，Linguistics Based on Legal Data 似乎最能说明问题。

---

① 刘蔚铭：《法律语言学研究》，中国经济出版社，2003，第 10 页。

② 英文原文如下：Forensic linguistics can be fairly characterized as taking linguistic knowledge, methods and insight, and applying these to the forensic context of law, investigation, trial, punishment and rehabilitation。

③ Georgina Heydon, “Using Linguistic Knowledge in Interview Training and Practice,” Presentation at the International Investigative Interviewing Research Group Conference. 英文原文如下：A forensic linguist may give evidence about language or specialise in the analysis of language used in a legal setting ... lawyer-client interaction; courtroom discourse; judges directions to juries; police interviewing。

由此看来，“涉法语言学”和“法律语料语言学”同为一科，但诞生的背景、研究对象与内容以及研究方法与风格等存在诸多差异。两者存在的前提不一样，各有侧重。如果把语言学比作“枪”，扛枪作战或打猎相当于“涉法语言学”；如果为作战或打猎做准备，研究枪的性能和用法则相当于“法律语料语言学”。当然，在一些时候二者也不一定泾渭分明。但“万物的自然本性没有绝对的同，也不必有绝对的同”[①]。

为什么要做“涉法语言学”和“法律语料语言学”这样的区分？为什么要如此区分法律语言学类型？宏观而言，这涉及理论与应用问题和两种类型的不同价值问题。微观而言，主要有两个原因。一是不少初涉法律语言学的同仁，尤其是英语语言学专业的同仁，对国外法律语言学的“涉法性”特点和方法知之甚少，了解不多，感到迷惑，同时对中国法律语言学的研究特点和方法也不熟悉。他们中不乏高学历和高职称，但对如何进入法律语言学研究的殿堂非常茫然。他们常常询问：我不懂法律或对法律知之不多，能否研究法律语言学？二是因为不少的同仁认为，中国的法律语言学研究是纯语言的研究，缺少“涉法性”，研究者不懂法或对法律知之甚少，不可能进行深入的研究。他们甚至认为这类研究因缺少法律的“根性”而不是法律语言学，缺乏实用性和应用性。其实，法律语言学首先是建立在语言学基础之上的，法律之中不存在语言学。

这里就引出了“有用”与“无用”的问题以及不同价值标准的问题。庄子对“有用”与“无用”有着非常深刻的看法，显现出他过人的智慧。庄子和惠子关于“有用”与“无用”的对话，如大葫芦和防龟裂冻疮药方的故事（《逍遥游》）、大树的故事（《逍遥游》）、匠石和弟子的故事（《人间世》）、野鸭和鹤的小腿的比喻（《骈拇》）以及庄子和惠子的辩论（《外物》）等等，都深刻说明“有用”与“无用”是人离开自然大道后，因为人的判断差异而产生的概念，自然会有各种理解和做法，自然会有所不同。“有用”与“无用”其实就是人们自主的价值判断，因而对“有用”与“无用”无法真正分辨。

这里涉及价值观和价值关系问题。王海成认为，在这种价值关系中，

---

① 冯友兰：《中国哲学简史》，北京大学出版社，1985，第128页。

人是主体，他物是客体，“有用”是正价值，“无用”不具正价值。[1] 主体和客体任一方发生变化，这种关系都可能发生变化。对于同一主体而言，有些东西可能有用，有些则可能无用；对不同主体而言，同一东西可能有用，也可能无用。因此，“有用”与“无用”是相对的，从不同角度而言，“无用”并不是真的无用，“有用”亦并不是真的有用。“无用之用”也许正是最大的用处。“人皆知有用之用，而莫知无用之用也。”（《人间世》）如此一来，所谓的“有用”与“无用”很可能就调换了位置。自然间的万物皆有其本性，若顺应自然的规律，就没有所谓绝对的“有用”与“无用”。

庄子哲学思想总是出人意料、奇妙无比，教训人都不带呵斥。庄子哲学思想在“涉法语言学”和“法律语料语言学”之间为我们指出一条通达的路径。法律语言学的学者，无论何种专业背景，都要紧跟法律语言学发展的步伐，在研究中始终保持积极的活力和创造力。不仅如此，更重要的是我们应顺应自然规律，不拘泥于人世的偏见，坚持自我信念，超越人为的价值，不必刻意追求所谓的“有用”，找到自己心中的那份真正的“有用”，否则，最终迷失的很可能就是我们自己。

上述不同观点表明，切入角度不同，风格必有差异。观点的差异和风格不定性很正常。从法律角度看，语言学可以渗透到法律的方方面面；从语言学角度看，法律可以渗透到语言学的方方面面。不同的视角构成了庞大的法律语言学研究网络，无论什么切入点和风格，都有充裕的发挥空间。[2] 学者们各司其事从不同角度对法律语言学进行研究，为该学科的建设作出了应有的贡献。

三　规范化与职业化

法律语言规范化已经引起了法学界和语言学界的关注。相关人员认为，法律语言的文体不统一、文风不统一、用语不统一、概念不统一等方面的问题非常突出。虽然不少的学者从不同的角度对法律语言的特征等进

---

① 王海成：《庄子的有用、无用之辨》，《兰州学刊》2009 年第 10 期。

② 刘蔚铭：《法律语言学研究》，中国经济出版社，2003，第 29 页。

行了研究，但缺少规范化的标准，全国性立法用语规范化机构也没有提出规范化的标准，因而应该制定规范化的标准，甚至衡量规范化标准的标准。同时也有人认为，法律语言规范化标准的建构极其困难。语言不同于客观物质实体，无质无形，变化无穷，所以，应该理性思考规范化的标准建构问题，以“武装思想”。

客观讲，法律语言规范化发挥了其应有的积极作用，促使人们比以往更加重视思考如何应用法律语言。但是，法律语言是一个十分复杂的系统，无视法律语境的多样性，单打一和过度的规范化会步入片面的极端，致使法律语言格式拘谨、千篇一律、冗长烦琐，更难读懂，更难听懂。其实，这种过度“有为”的行为违背了语言自身发展的客观规律，以致产生“极其困难”的结果，即便是“武装思想”也是徒劳的。此外，这个“标准”是什么样的“标准”？是不是客观正确的标准？谁来制定这个标准？具有什么资格的人来制定这个“标准”？制定出来的标准是“标准”吗？诚然，法律语言，尤其是法律术语，人工创造的痕迹非常重，但它们都是按照自然规律产生于法律实践之中的，都适用于所有的法官、检察官、警察和律师等等，是集体智慧在自然状态下的结果。法律语言研究者应是客观的观察者和记录者。法律语言取之于法律人，用之于法律人。尚未发现一名法律语言研究者创造一个法律术语，然后交给法律人去使用。从这个角度讲，法律语言其实也具有语言的任意性识别特征。

从社会语言学角度看，法律语言是自然语言在法律语境下的一种功能变体，属于社会方言的范畴。在法律语境下，这种社会方言具有自己的言语社区和话语特征。所有这一切都是在长期的法律实践过程中逐渐形成的自然秩序，源于自然力量的作用。据此，法律语言的实际应用应去主观片面化而坚持全面客观化的原则。所谓的法律语言“规范化”也应被框定在这样的原则之中。

平衡循环是宇宙万物基本的运行法则。万物在自然力量作用下总是趋向有序和平衡，形成自然秩序，而事物在非自然力量作用下却总是趋向无序和不平衡。语言学里面有一对相互对立的概念：规定性（prescriptive）和描述性（descriptive）。这对概念原是语法学上的术语，但已超出了语法研究的范围而适用于整个语言科学。规定性和描述性之间是对立统一的关系，在法律语言的实际应用方面应保持两者之间的平衡。在一定程度上，描述性更具客观性，更具全面性，完全注重法律语言的实际应用，因此应当占据应有的重要地位。规定性更具主观性，更具片面性，包括对未经观察的东西的断言，比较容易和现实脱节，不完全注重法律语言的实际应用。语言系统自身有一个调整功能，叫作“自调节”，即无人下命令，无人强行推广，自然发挥语言的调节机制；而以人为因素进行的调整叫作“他调节”。[①] 法律语言的应用应当注重“自调节”和“他调节”的平衡关系，发挥自身的调节效能。上述“规定性和描述性”与“自调节和他调节”说的是一个意思。

韩礼德（Halliday）曾写道，“语言之所以如此，是因为它必须做些什么”[②]，由此带来一个基于社会实践和纷繁复杂语境的意义建构视角。语境是动态的，法律世界语境丰富多彩。这个世界就像一个等级分明的微型国家，里面居住着法官、律师、警察和执法人员，后来普通的男男女女像亚当和夏娃一样，不知不觉地走进了这个陌生的世界。[③] 据此，法律语言的语域有行内行外之分，具有语境多样性特征，交际双方关系复杂，规范化是有条件的，不能千篇一律，但都应遵循清晰易解的原则。法律语言的主要功能在于双方之间传达信息，其目的永远是尽可能地使所提供的信息被受众接受与理解，而清晰易解是有效沟通的关键。从社会和政治的角度看，清晰易解的法律语言的获取也是一项人权，因为每个人都有权获取他们能理解的信息。蒂尔斯马（Tiersma）认为：“专门术语和行话的产生完全是出于职业内部交际便利的需要……在律师看来可能是有用的简单语言，对外行就是不可思议的冗长而令人费解的语言……与此相反，人们确实有权知道所签署的需要承担法律责任的合同的意义。当人们有权理解法律文件时，就应该尽量摆脱专门术语和行话。如果专门术语和行话无法避免，至少应该使用普通语言对其进行解释……当法律职业人希望与公众更有效交流的时候，其语言必须做到被公众理解。无论法律职业人是决定采

① 汪惠迪：《全球华语视角下的华语词汇》，载周荐、董琨主编《海峡两岸语言与语言生活研究》，商务印书馆（香港）有限公司，2008，第384页。

② M. Halliday, “Language in a Social Perspective,” in N. Coupland and A. Jaworski (eds.), *Sociolinguistics*, Palgrave, 1997, p. 34.

③ Malcolm Coulthard and Alison Johnson (eds.), *The Routledge Handbook of Forensic Linguistics*, Taylor & Francis Group, 2010, p. 1.

用翻译的路径，还是大量简化其语言，都应该向公众使用其自己的语言：普通英语。”①

例如，2007年7月7日，中央电视台《庭审现场》以“父子争房”为题，报道了北京市房山区人民法院巡回法庭的一次审判活动。

例1

法官：下面进行法庭调查。法庭调查重点是双方争议的事实，当事人对各自的主张有责任提供证据，反驳对方所主张的应说明理由。原告，诶，注意听，哦。下面由你们两位原告陈述事实、理由以及诉讼请求，因为什么什么事？到这儿来干什么？要达到什么目的？明白这意思吗？

原告（男）：是宣读起诉书吗？

法官：有起诉书吗？

原告（男）：有啊。

法官：和诉状一样吗？陈述的口头陈述和诉状一样吗？

原告（男）：首先，我向大伙儿声明一下：各位记者，各位来宾……（被打断）

法官：（用手指指着原告，敲法槌）你呀！原，原告，我制止你一下，啊！今天你要向法庭宣读诉状。

原告（男）：哦，哦，行，行，可以，可以，对。我是1980年结婚……

例2

法官：传证人冯某某到庭。下面就你所知道的事实向法庭陈述。你说吧，你能证明什么事实，知道什么事，你向法庭讲。

证人：嗯，我呢，就是八，估计就是八几年……

例3

法官：法庭调查结束，下面进行法庭辩论。辩论呢，双方主要是要在围绕法庭调查时对各自所持主张的理由进行陈述。首先呢，由二

① Peter M. Tiersma, *Legal Language*, University of Chicago Press, 1999, pp. 204, 210.

位原告发表辩论意见。

原告（男）：我交了老人的赡养费了……

例 4

法官：法庭辩论结束。下面由原被告双方向法庭陈述一下最后意见。原告，最后有什么要说的？

原告（女）：诶，嗯，原告就是说让我们老人……

例 5

法官：…… 具体过程就不要再说了。被告张某某，你最后还有什么要说的？

被告（男）：没有什么，就是这个。

整个庭审中，由于双方当事人都是农民，同时也都没有聘请律师，因此法庭语言口语化，结构松散，文体随意，语言简明易懂，同时，法官、原告、被告和证人都没有按照严格的程式化套路问答。主审法官根据案件性质和当事人文化教育背景等特点，及时调整了语言策略，采用简明易懂的“附加解释”的语言策略，消除了基本法律术语的语言障碍，增强了术语的可理解性，保证了案件审理的顺利进行。

宣判后，为防止意外情况，法官们陪伴老人回到老人的家里。在庭院，审判员向老人就执行问题进行解释：

那么这次咱们法律说，说完不是就有法律效力吗？你那个指那个养老钱，咱们让执行庭，咱们不执行，咱们给要过来，咱们给要过来，咱们给您送过来，是吧？这成吗？这也是一个，给您解决这个养老钱。再一个呢，您那个赡养的，就是伺候您的这一块，咱们给他说，如果搬过来，该伺候就伺候吧，洗洗涮涮做点饭，咱们中，咱们国家呀，农民那，咱们国家就，就是因为这个传统，养儿防老，是吧？儿子继承老，老子的财产，是吧？那么这一块要发挥的传统，要有一个和谐，家庭和谐，社会和谐……

这位审判员的解释虽然不连贯，甚至有点语无伦次，但仍然成功地规避了法律术语，话语简明易懂，与具体的语境浑然一体。

运用相对经济或省力的语言获取最佳的效果或者用简洁的话语表达尽可能多的信息，这是人类行为的自然规律，也是指导人类行为的一条根本性原则。法律语言语域的多样性决定了法律语境的多样性。法律语境的多样性决定了法律语言的形式多样性。法律语言不是单一的枯燥文体，而是应语境的不同而变化的多样文体。

人种的多样性及文化的多样性有利于人类自我平衡。对于语言来说，它是活的东西，不是僵死的东西。法律语言的多样性也有利于自身的平衡。因此，法律语言不应是单一的模式，片面过度的规范化在某些方面会使法律语言僵化或僵死。就规范化本身而言，法律语言的表现形式的多样化意味着规范化的多样化。从这个意义上讲，法律语言规范化应从“一元”走向“多元”，即从严肃书面语言的单一规范走向书面口头语言交相辉映的灵活多样。法律语言功能的各异要求多维思考，这样有利于深入认识规范化的局限性。①

在“法律·语言·法律人——2013年法律语言高端论坛”上，许多法官和检察官在其发言中表述了一个相同的理念：在实践中，“规范”的法律语言在某种程度上妨碍了案件的处理，应当根据不同的语境和不同的场合来使用法律语言，法律语言应该是随着语境和场合的不同而调整变化的。若有悖于此自然规律，就会发生事与愿违的事情，如所谓语言规范的裁判文书在某些场合下就会得不到充分的执行。可见，单打一的规范化会遇到意想不到的麻烦，反规范化有时候会带来意想不到的好处，例如普通民事案件中的“法官后语”“诗意判决书”“警方卖萌语言”“方言审判”等等都起到了相应的积极作用。因此，在法律语言的应用中，要坚持不同形式之间的包容性原则、不同语域之间的互补性原则和开放的合作性原则，增强不同语域之间法律语言的认同性，认可法律语言多元化的状态与特色，以使法律语言更为丰富多彩。②

---

① 刘蔚铭：《语料库与法律语言规范化——来自法律实践中的多维思考》，《浙江工商大学学报》2010年第3期。

② 邵朝阳：《试论现代汉语规范化与认同性》，载周荐、董琨主编《海峡两岸语言与语言生活研究》，商务印书馆（香港）有限公司，2008，第52~53页。

法律语言应当强调职业化。职业化的法律语言可以使法律人树立起职业形象，使他们看起来像那一行的人，使他们在法律语言实际应用方面更具自由度。法律语言的实际应用只要符合职业习惯即可。目前有一些法律人的语言不是不规范，而是不太“职业化”。堵不利于系统平衡，疏才利于系统平衡。法律语言也是如此，规范化是“堵”，职业化是“疏”。天然自由状态有利于事物自我平衡。法律语言职业化顺应自然，符合自然规律。万物因自然力量而形成的自然位置是最合理的位置。法律语言职业化符合法律职业化的性质。

上文提及应当根据不同的语境和不同的场合来使用法律语言，而法律语言也应该是随着语境和场合的不同而调整变化的。这里涉及法律语言简明化的问题。法律语言简明化，也有学者或法律人将其称为“通俗化”或“大众化”等。法律语言简明化在国外早已有之，而且卓有成效，也是国外法律语言学研究的一个重要领域。在“法律·语言·法律人——2013 年法律语言高端论坛”上，许多法官、检察官和学者在其发言中表达了一个共同的愿望，即法律语言应通俗易懂，以在严肃僵死的法律语言之中体现出其亲民色彩。这个呼吁，还有上文提及的观念，其实是顺应自然规律的呼吁，是要求法律语言灵活多样的呼吁，是在不同语境和场合使用不同法律语言的呼吁。职业化的法律语言才能灵活多样地应对各种法律语境和场合。职业化的法律人使用职业化的法律语言是自然规律的体现。

刘再复于 2009 年 2 月 21 日 13 时在凤凰卫视《世纪大讲堂》上以《中国贵族精神的命运》为题进行了演讲，其中提及日本明治维新中有“古籍奉还”，而“五四运动”最大的贡献是有慈悲心，关心老百姓，作出了“文字奉还”的贡献，出现了白话文和文言文并存的双语体现象，主张立国先立人、人贵、国富。笔者由此联想到：法律语言能否做到“文字奉还”，让老百姓都能看得懂？对于老百姓看得到但看不懂的法律语言要它有何用？其实这也是对人的不敬。人贱、国贫，这不是中国法律语言所需要的。“文字奉还”观和法律语言简明化不谋而合，而亲民化的法律语言是法律语言规范化做不到的。纵横观察语言的进化史，无不向着以简驭繁的方向迈进，法律语言也毫无例外，其清晰易解是一个必然趋势。

四 法律语言的局限性：困境与解脱

庄子对语言困境及其根源有着清醒的认识，而且对困境的解脱也有着独到的见解。其语言哲学思想围绕言意关系表明，语言是苍白的，“道不可言，言而非也”（《知北游》）。“语言的可贵之处在于它所表达的思想，而思想所追随的对象即思想的内容是不可能用语言来传达的。”[①] 人类的语言具有局限性，它犹如牢笼禁锢着人的自由。同理，法律语言亦非完美无缺，失衡点很多，本质上存在自身的困境。因此，法律人在法律语言面前同样也是不自由的。法律语言制约着法律人。日常语言的一些不精确的现象都存在于法律语言中，如任意性、逻辑性差、含糊性、冗余、能指大于所指、用词铺张、滞后性、辩证性等等。[②]

“任何一个语言活动的存在，都必然有作为主体的人、作为客体的对象和作为媒介的语言共同参与其中，可谓三者缺一不可，而导致语言困境出现的原因也只能从这三者中寻找。”[③] 从法律语言的角度分析，这里主要涉及“作为主体的人”和“作为媒介的语言”。叶斯柏森认为：“语言的本质乃是人类的活动，即一个人把他的思想传达给另一个人的活动，以及这另一个人理解前一个人思想的活动。如果我们想要了解语言的本质，特别是语法所研究的那部分的本质就不应该忽视这两个人，语言的发出者和接受者，或更简单地说，说话人和听话人以及两者间的相互关系。以往，这一点是被忽视的。词和词的形式被看作独立存在的自然体。这种概念在很大程度上是由于过分注重书面或印刷的语言而造成的，这就从根本上错了。我们只要对这个问题稍作研究，就不难明白。”[④] 据此，法律语言困境产生的主体原因是人的“成心”。这里的具有“成心”的主体，不仅包括法律人，还包括有利害关系的涉案人。后一类人总是依照自己的主观倾向

---

① 刁生虎：《庄子的生存哲学》，中国传媒大学出版社，2007，第 64 页。

② 王明辉主编《何谓哲学》，中国戏剧出版社，2005，第 270 页。

③ 刁生虎：《庄子的生存哲学》，中国传媒大学出版社，2007，第 73 页。

④ 〔丹麦〕奥托·叶斯柏森：《语法哲学》，何勇、夏宁生、司辉等译，语文出版社，1988，第 3 页。

有目的地理解或误解法律语言，并且经常钻法律的漏洞或空子，比起法律人更具“成心”。人的一个通病就是喜欢出于自身眼前利益主观地判断事物的利害。这就是造成法律语言困境的主要原因。在庄子看来，语言完全是语言主体“有为”的结果。而语言主体又总是“师其成心”，从而使语言缺乏客观性，而带有很强的主观性，使语言交流变得困难，语言主体常常陷入“言不尽意”的困境之中。

法律语言困境产生的媒介原因是法律语言的性质——复杂性。法律语言的难以言说和难以理解等局限性反过来对人形成一定的制约。法律语言自身的困境告诉我们，法律语言以复杂求精确，但并未充分做到精确。复杂性和精确性没有相互兼容合一。“言未始有常”（《齐物论》）就是这个道理，即精神的东西具备不确定性，语言没有恒定标准。“语言虽是人创造出来并用以表达思维成果的工具，但它一旦被人规范化、系统化、结构化，便会反过来支配人、奴役人，成为‘一种把自己的构造和规律强加于社会各成员的，超乎个人之上的力量’。”① 这就是造成法律语言困境的重要原因。

法律语言困境的产生是由于人的“成心”和语言认知能力的局限，而法律语言的复杂性还对人形成了反作用，对其形成制约和支配。西方求外，中国求内。反映在语言方面，那就是西方从语言的形式追求答案，而中国是在人的内部寻求答案。中国传统哲学是以研究人为中心的人学。因此，研究法律语言，不局限于语言本身，还要对语言的主体进行研究。在审视法律语言的时候，不能忽略人的因素。法律、语言、法律人之间是一脉相承的关系，形成了一个有机体，同时也不能忽略“涉案人”的存在。困境的解脱仍然在于人的不断修炼和提高。

《老子》说：“为学日益，为道日损。”“中国哲学传统里有为学、为道的区别。为学的目的就是我所说的增加积极的知识，为道的目的就是我所说的提高心灵的境界。”② 法律语言是由法律人操纵的，而人是个体，因而具有情感、欲望等等许多东西。要实现法律语言的公平正义，那么唯一的困境解脱之路只能是：法律人必须消除“成心”之言，做到老子所言的

---

① 刁生虎：《庄子的生存哲学》，中国传媒大学出版社，2007，第 87 页。

② 冯友兰：《中国哲学简史》，北京大学出版社，1985，第 8 页。

“为学日益，为道日损”，不仅如此，还要“损之又损，以至于无为，无为而无不为”。“为道日损”意味着一定要排除主观杂念和世俗因素的干扰和影响，超越人的认识局限而达到真知的境界，以发挥法律语言平衡人类社会名利的衡器作用。“为学日益”意味着增加积极的知识，提升法律语言意识，应以有限的词汇、封闭的语言结构和既定的规则创造出无限的和开放的语言空间，从法律语言的困境之中解脱出来，超越“言不尽意”“道不可言”的语言困境，达到“即言即道”“得意忘言”的语言自由境界。“至人无己，神人无功，圣人无名。”（《逍遥游》）只有以“道”为标准，用合“道”之言，才能止息聚讼。

五 结语

法律语言研究层面颇多，涉及问题异常繁杂。本文在老庄语言哲学的启示下，仅从四个方面（法律语言的本质与存在、法律语言的理论与应用、法律语言的规范化与职业化以及法律语言的局限性）论述法律语言研究中存在的几个问题。诚然，由于角度和侧重的差异，以及认识论和价值观的差异，对这几个问题一定还会有许许多多完全不同的理解和理论。不过，我们必须认识到，中国的语言哲学早在先秦时期就非常兴盛。诸子百家对语言的界说致使语言哲学领域聚讼纷纭，流光溢彩。老庄所代表的本体派在宇宙本体与言的关系维度审视语言，使“言”成为关注的焦点。老庄语言哲学对当今语言研究，乃至法律语言研究具有重要的启示和借鉴作用。

关于语言文字规范与立法技术规范个别不一致的建议*

鲁东大学人文学院、国家语委汉语辞书研究中心　王东海

摘　要：立法需要依照立法技术规范，其与语言文字规范存在个别不一致之处。以“顿号”争议为例分析，提出建议：一是立法技术规范与语言文字规范不一致时，在不影响法意表达和法律应用的前提下，应该尽量向后者统一；二是在语言文字规范未覆盖之处，立法技术规范可进行补充和细化；三是词典修订应照顾到法律领域的专业应用；四是加快组织出版法律语言词典以及其他分领域词典，形成领域词典群；五是加强对立法人员的语言文字规范培训。

关键词：语言文字规范；立法技术规范；“顿号”使用争议

法律是制度系统的顶层成员，规范着社会所有组织和人员的言行，立法语言能否准确得体使用直接影响到司法、执法、普法和依法治理实践。在法律法规的立法表述中，有时一些语言文字应用会与通用规范有出入，这就会引起争议。例如书名号、引号标示的并列成分间究竟该不该加顿号？这个问题最近就引起语言学界、法学界和社会民众的争议。小标点，大规范，顿号是小得不能再小的表达形式，其成为争议焦点，蕴含着一个比较重要的问题——通用的语言文字规范与行业性立法技术规范如何统一？

---

* 本文得到国家社科基金项目“百年汉语语文词典谱系的词典考古研究”（项目编号：19BYY015）的支持。

一 不一致之处示例

教育部、国家语委主导制定了通用规范《标点符号用法》(GB/T 15834-2011)(以下称“2011 年版《标点规范》”),此规范所替代的旧版本是 GB/T 15834-1995(以下称“1995 年版《标点规范》”)。1995 年版《标点规范》中规定:“句子内部并列词语之间的停顿,用顿号。例如:a)亚马孙河、尼罗河、密西西比河和长江是世界四大河流……”2011 年版《标点规范》做了修改,规定:“标有引号的并列成分之间、标有书名号的并列成分之间通常不用顿号。若有其他成分插在并列的引号之间或并列的书名号之间(如引语或书名号之后还有括注),宜用顿号。”此修改未改变顿号的基本用法,只是增加了引号和书名号标示成分并列时的规定。前一句为顿号的通常用法,后一句为特殊用法。

但全国人民代表大会常务委员会颁发了行业规范《立法技术规范(试行)(一)》(以下简称《立法规范》),其中规定:“新法颁布后,涉及相关法律有关规定的适用问题时,一般采用具体列举的方式;……。示例 1:《中华人民共和国××法》、《中华人民共和国××法》、《中华人民共和国××法》与本法的规定不一致的,适用本法。示例 2:《中华人民共和国××法》、《中华人民共和国××法》和其他在本法施行前公布的法律与本法的规定不一致的,适用本法。”另外第 12.2 条又规定:“一个句子内部有多个并列词语的,各个词语之间用顿号,用‘和’或者‘以及’连接最后两个并列词语。”

这一规范系 2009 年出台,从示例 1 和示例 2 可见,基本延续 1995 年版《标点规范》的规定,不论是通常情况(“一般采用”)还是特殊情况(第 12.2 条),所有并列成分之间都加顿号。

这一规范制约着当前新颁布的法律法规的表达形式。对于顿号的问题,涉及书名号和引号标示的并列成分间,在排除其他成分(如括注、连词“和”“以及”等)的情况下,有的加顿号,有的不加顿号,在立法实践中导致了通用的《标点规范》与行业性《立法规范》不一致的问题。

二 从规范特点和工作性质看示例中的不一致之处

以下以示例中顿号规定不一致之处为例。

（一）根据《标点规范》和《立法规范》的性质，顿号可加可不加

语言文字规范通常是全国通用性的，规范引导的是全社会各领域的语文生活。从其效用上看，有刚性（执行性）和柔性（引导性）两大类。刚性规范以强制执行性为重点：有法律层面的，如九届全国人大常委会通过的《中华人民共和国国家通用语言文字法》；也有规范层面的，如2013年国务院发布的《通用规范汉字表》，规定字表发布后，“社会一般应用领域的汉字使用应以《通用规范汉字表》为准”。柔性规范侧重于引导、建议，要求各领域语言文字应用尽量向其靠拢，但执行并非强制性。国标一般用GB/T表示，T代表的是推荐性规范，国家语委发布的GF编号的规范大多是柔性规范。

除了正式法律和GB、GB/T、GF规范外，还有带有一定的描写性，对各行各业的语言文字应用起参考作用的“准规范”，其使用更多照顾从俗、从行业习用等原则，强制性最弱。准规范有两种方式：一种是“皮书”，例如2019年发布的《义务教育常用词表（草案）》等，为中小学教学及教材、学生词典编写提供参考；另一种是规范性、规定性、权威性字典词典，例如《现代汉语词典》《新华字典》《现代汉语规范词典》，在正式的法律、规范或“皮书”未覆盖的地方，要起到对社会各界语言文字应用的引导作用。

立法技术规范是内部行业规范，辅助于法律起草，不能等同于法律等内容规范。我国对法律文本的解码（法律内容的解释）有规范统一要求，这是有传统的。古代的解律大多是从“语理”“文理”“义理”走向“法理”。春秋战国时代，严禁“析辞擅作名”，“王者之制名，名定而实辨，道行而志通，则慎率民而一焉。故析辞擅作名以乱正名，使民疑惑，人多辨讼，则谓之大奸……故壹于道法而谨于循令”（《荀子》）。西汉董仲舒等人的“以经释律”，提倡“《春秋》决狱”。随着东汉马融、郑玄等人

"经义解律"的盛行，当时训诂形式的"郑氏章句"被皇帝认可。后来对法律文本的解码被固定进法典，成为法典的有机组成部分，更具有不可改变性，例如《唐律疏议》中"五刑"之一"笞"刑，"笞者，击也。又训为耻，言人有小愆，法须惩诫，故加棰挞以耻之"。此解释是小学中训诂学的声训手法，释的是"语理"，引出了刑名的来源、惩罚的目的、惩罚的形式等关键性法理特征，以彰显"刑出有名"，这些"议曰""疏议"内容本身也是法条文本的组成部分。

我国对法律文本的编码（立法技术）也要求规范统一，这也是有历史传统的。古代的"律学"中很多规定都是维护立法技术的规范统一的。例如清人王明德《读律佩觿》就对"律母"和"律眼"有规范性定义和详尽解释。"律母"——以、准、皆、各、其、及、若、即，8个词；"律眼"——但、同、俱、依、并、从、累减、递减、从重论、罪同、同罪、听减、得减，13个词。例如《大清律本注》："准者，与真犯有间矣。谓如准枉法，准盗论，但准其罪，不在除名刺字之例，罪止杖一百，流三千里。"当前，全国人大常委会发布的两份立法技术规范对"不得"与"禁止"、"作出"与"做出"、"抵销"与"抵消"、"应当"与"必须"、"违法"与"非法"等易混词对的使用规定，对"以上""以下""以内""不满""超过""和""以及""或者"等词群的专门法律表述意图的区别性规定，就是当代版的"律母"和"律眼"。这两份立法技术规范还细致地对标点符号的使用进行了规定，反映出立法的严谨性。

当前通行的立法规范有三类：一是语言文字规范，由于法律领域也是其作用域，此类规范会作用至立法领域，例如《标点规范》等；二是立法技术规范，例如全国人大常委会的《立法规范》；三是内部工作规范，如最高检内部发布的《（不）起诉书模板》，既规定文体格式，也规定相应的写作套语。

虽然法律在世界各国都是刚性最强的规范，规制着社会每个人每个组织的言行，但立法技术规范本身是柔性规范。《全国人民代表大会常务委员会法制工作委员会关于印送〈立法技术规范（试行）（一）〉的函》（法工委发〔2009〕62号）明确说明："我们……拟定了《立法技术规范（试行）（一）》。经报常委会领导同志同意，现将《立法技术规范（试行）

(一)》及其说明印送给你们，供工作中参考。”这里，有两点需要注意：一是这份规范不是用发布法律、法规常用的“命令”或印发性的“通知”文种来发布的，而是用在平行机关或不相隶属机关间行文、具有平等性特点的“函”文种来发布的；二是虽“经报常委会领导同志同意”，但本质是“供工作中参考”。因此，《立法规范》与普通的语言文字规范在性质上无区别，不建议因其是法律行业规范而抬高其位置。

总之，《立法规范》都只是引导性、推荐性的柔性规范，且有惯例性、习用性表述——“通常不用顿号”，建议性表述——“宜用顿号”，效力限定性表述——“供工作中参考”。因此，在未影响法意准确表述与理解的前提下，《中华人民共和国民法典》（以下简称《民法典》）对争议处的顿号的使用有自主决定权，或根据 2011 年版《标点规范》不加顿号，或沿用《立法规范》加顿号。

（二）从学理和国家机关工作视角看，提倡统一，可删除顿号

从学理看，取消争议处的顿号更符合语言经济律。立法表述中，是否加顿号当以法意表述是否明确为第一标准，以文本是否简洁为第二标准。2011 年版《标点规范》中，顿号主要起的是标识语气停顿和间隔并列成分的作用，用于较短句子的内部停顿，所以，如果并用的多个引号和书名号成分已经起到了间隔和停顿作用，能揭示并列关系，且并列成分间没有其他成分（如括注、连词“和”“以及”等）在，从语言经济的角度看，确实没有加顿号的必要。立法语言的表述如能与 2011 年版《标点规范》统一起来，在学理上更经得起质疑。

从国家机关工作视角看，取消争议处的顿号可维护统一性。《标点规范》和《立法规范》虽然一个出于教育部、国家语委，一个出自全国人大常委会，但它们均代表国家机关，“一个声音”是国家机关各系统协同工作的基本要求。从这个角度看，也宜做到统一，且立法界已有先例：2017 年通过的《中华人民共和国民法总则》第 205 条规定：“民法所称的‘以上’‘以下’‘以内’‘届满’，包括本数；所称的‘不满’‘超过’‘以外’，不包括本数。”此处执行的是 2011 年版《标点规范》，未加顿号。这说明通用标点规范已经进入立法层面，被很好地执行和遵守了。未来立法

表述中，将争议处的顿号删除，可从内部的法律体系表述、外部的国家机关协同两个方面体现统一性。

三　建议

一是立法技术规范与语言文字规范不一致时，在不影响法意表达和法律应用的前提下，应该尽量向后者统一。语言文字规范是通用规范，立法领域是其效力作用域之一，立法技术规范不与其有矛盾冲突是基本要求。因修改时间不同而产生不一致，如语言文字规范在前，立法技术规范则从之；如果语言文字规范在后，立法技术规范需要适时修改以保持一致。法律、法规是依立法技术规范来行文的，规范修改不及时，带来更多的矛盾之处，会影响法条内容的权威性。

二是在语言文字规范未覆盖之处，立法技术规范可进行补充和细化。例如《立法规范》规定：“‘但是’、‘但’二者的含义相同，只是运用习惯的不同。法律中的但书，一般用‘但是’，不用单音节词‘但’。‘但是’后一般加逗号，在简单句中也可以不加。”再如《立法规范》规定：“‘商’用于前面的主体是事情的主办者，后面的主体是提供意见的一方，在协商的前提下，由前面的主体单独制定并发布规范性文件。示例：司法鉴定的收费项目和收费标准由国务院司法行政部门商国务院价格主管部门确定。”这两条规定是《立法规范》独有的表达要求，《标点规范》和各词典均未列此用法，在此细化和补充出来，以形成通用规范与行业规范的互补和良性互动。

三是各词典修订应照顾到法律领域的专业应用。在各种规范覆盖不到的地方，立法语言运用只能参考权威性、规范性词典。词典的收词释义追求最大限度的覆盖面，并由专家进行编码释义，知识具有权威性，但词典释义体现的是全语域的共核意义、民众共同经验义，往往不能兼顾每个领域语词的所有特殊用法，如果对一些特殊语词的内涵外延界定不清、用法介绍不具体，容易引起与立法应用的冲突。词典的修订要跟上立法的特殊要求，能将特殊用法转化为共性用法的，要优先修订。例如参与《民法典》立法的专家周光权提出法典中用“签名”一词而不用

“签字”，出发点是要求签“本名”，防止签其他无效“文字”。[①] 按《现代汉语词典》（第7版）的解释：“签名：1.［动］写上自己的名字；2.［名］在文件、单据上面写下的自己的名字。”“签字：1.［动］在文件上写上自己的名字，表示负责；2.［名］在文件上写下的自己的名字。”二词的释义侧重点就与立法专家的解释有矛盾及不统一之处。《民法典》已经颁布，如何修订这两个词的词典释义？这是词典学家必须面对的急迫问题。

四是加快组织出版法律语言词典以及其他分领域词典。词典具有规范语用和辅助表达的元功能。法律领域的语用属于专业语言交际，是全民共核语言文字应用的表达变体，其既要遵循通用规范，也有各种带有领域个性的语用方式（如立法、司法等方面的个性语用，还可细化到法庭语言、调解语言等），这些行业个性有时会出现与通用规范不一致之处。国家语言文字管理部门宜立足“规范语用与辅助表达”这个词典基本功能，以通用语言文字规范为基准，为法律领域编纂相关的规范性词典，例如“立法语言常用词词典”，这样可间接地将语言文字规范推广到法律领域，引导与通用规范不一致的既有立法、司法表达规范或常规做法向前者靠拢与统一。分领域词典还可由法律领域向其他领域扩展，形成领域词典群。国家语言文字管理部门不宜参与这类词典的具体编纂，但可细化构建满足不同领域需求的词典体系，规划选题，由出版社组织专家编纂，最后向各领域推荐使用。这样，政府部门为规划者，出版社为组织者，专家为编纂者，各领域用户为使用者，分工明确，协同工作。这项工作全面推广后，将全面体现国家语言文字管理部门引导、规范、管理、服务社会各领域语用的政府职能。

五是加强对立法人员的语言文字规范培训。立法者要成为国家通用语言文字规范的模范执行者，但术业有专攻，部分资深的立法者不一定全面深入了解语言文字规范，且法学业务越精深，越容易受表达习惯和思维定式制约，越容易产生对语言文字规范变动在认知和贯彻上的负迁移，所以

① 《民法典最后两条的标点符号用错了吗？立法参与者这样说》，https://baijiahao.baidu.com/s?id=1669718842909146099&wfr=spider&for=pc，最后访问日期：2020年6月17日。

系统的语言文字规范培训迫在眉睫。培训内容包括立法文本涉及的字种词种、字形词形、字音词音、书写笔顺、异体字、异形词、异读字词、标点符号、数字、人名地名拼写、正词法等方面的规定，特别要关注通用语言文字规范向立法领域的迁移应用方式。

基于语料库的立法词汇研究*

中国政法大学人文学院/法律语言研究中心　崔玉珍

摘　要：立法词汇研究以往多偏重经验概括和特定词语研究，文章基于立法语言语料库对立法词汇进行全面、系统的研究。文章通过大规模数据的计量统计，提出立法词汇特征主要集中在四个方面：意义类型集中，词汇密度大，以名词、动词为主；意义具有刚性和弹性的双重特点，实词以单义性为主，虚词呈语义泛化倾向；强调简洁和规约，短词、大量同义词、词语规约化都是相应的语言手段；意义边界及级差明显。这四个特征都服务于立法语体"行为规范体系"这一社会特征，"行为规范体系"的语体特征从构成、形式、功用、施成四个层面对立法词汇进行塑造。

关键词：立法词汇；立法语言语料库；立法语体；法律高频词

一　引言

立法词汇在意义及使用等方面呈现出与日常语言明显不同的特点和差异，引发学者从语义、功能、语用、语体等角度进行研究，研究主要集中在这两点：第一，对立法词汇特点进行探索，不同学者的研究角度和侧重点有所不同，并基于自身研究提出立法词汇具有严谨、准确、明确、简

* 本文得到国家语委科研规划项目"基于大数据的立法语言规范研究"（项目编号：YB145-97）的支持。

明、规范等特点[①]；第二，对特定立法词汇进行研究，包括对法律术语、法律常用词语特定类型以及“的”“可以”“应当”“或者”“其他”等特定词语的研究[②]。以往研究多为自省式研究或者侧重性研究，整体、系统、量化的考察较为缺乏，立法词汇的整体面貌及特征尚未得到清晰的体现，因此本文拟对立法词汇进行基于大规模语料的全面考察，自下而上地系统梳理立法词汇体系，揭示立法词汇的构成特征，探讨立法词汇的形成动因，从而为立法语言规范化和立法技术水平提升提供借鉴和启示。

二　研究思路与数据说明

计量语言学认为，语言规律存在于语言事实当中，而语言规律的特征都表现为一定的量。语言结构上的通用性、使用上的常见性等“质”的内涵会在语言要素的“量”上反映出来，词汇定量研究正是语言“质”“量”关系特征的体现。[③] 这也是本文主要的研究思路，由量及性，基于立法词汇的计量数据挖掘背后的词汇特性。

计量统计以频率为主要的测量指标，因为频率是词的一种基本属性，在计量研究中起着重要作用，也成为计量语言研究中最常用的测量指标，但对于测量频率的语言单位并没有专门研究，Grzybek 提出，“直到今天，还没有关于测量单位选择的系统研究，也没有关于它们内部关系（如果这

---

① 具体参见姜剑云《论法律语体的功能和特征》，《法治论丛》1993 年第 1 期；林士平《法学语体研究》，《西南政法大学学报》2014 年第 3 期；吕文涛、姚双云《词汇规制与立法语言的简明性》，《语言文字应用》2018 年第 4 期。姜剑云提出法律语体的法律性、权威性、平实性对法律词汇造成了影响，以致法律词汇形成了单义、明确、规范、语义法定等特点；林士平认为法律词汇具有庄重、严谨、文雅的特性；吕文涛、姚双云则关注法律词汇的简明性。

② 具体参见崔玉珍《从立法语言的连词“或者”看我国法律文本的可读性》，《当代修辞学》2016 年第 2 期；牛永艳《法律语体中“的”字结构研究》，硕士学位论文，华中师范大学，2013；王东海《立法语言中的法律常用词研究》，《同济大学学报》（社会科学版）2013 年第 1 期；于梅欣、王振华《我国法律语言中“其他”一词的语篇语义分析》，《当代修辞学》2017 年第 6 期。

③ 苏新春：《关于〈现代汉语词典〉词汇计量研究的思考》，《世界汉语教学》2001 年第 4 期。

些关系存在，它们很可能因具体语言而异）的系统研究”①。可见，合适的频率测量单位需根据具体的研究而定。对于立法词汇研究而言，法律作为重要的社会功能领域，其词语往往具有不同于日常语言的结构或功能属性，这也正是立法词汇体系的关键。而词类是词语在组合使用过程中结构或功能属性的集中体现，因此词类将成为本文计量统计的基础要素。首先以词类的使用频率即词类分布反映立法词汇体系的构成情况，进而以词类与词频、词义、词长等因素的关联数据探讨立法词汇的构成特征，最后挖掘立法词汇特征的形成动因。

为执行上述研究计划，本文首先建立大规模立法语言语料库，该立法语言语料库囊括截至 2021 年 12 月 31 日的现行有效法律 184 部，包括宪法及宪法相关法、民法商法、行政法、经济法、社会法、刑法、诉讼与非诉讼程序法等七个部门法，共 24315615 字节；然后本文使用 Python 为数据处理和统计工具，对语料库进行分词和词性标注的加工处理，并进行人工核查，最终共得到 13586 个词，总使用频次为 714919 次。不同词语之间的使用频率差异较大，使用频率最高的为助词“的”，词频高达 48154 次；而词频只有 1 次的则有 3682 个词。因而我们进一步考察了词语覆盖率和词频之间的关系（见图 1）。

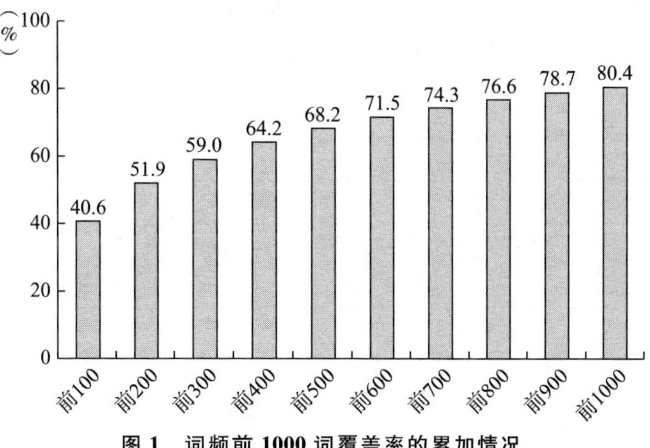

图 1　词频前 1000 词覆盖率的累加情况

① Peter Grzybek, “History and Methodology of Wordlength Studies,” in *Contributions to the Science of Text and Language*, Springer, 2006, p. 18.

图 1 是立法语言语料库中词频前 1000 词语覆盖率的累加情况。前 100 词的总使用频次为 290108 次，在整个立法语言语料库中的覆盖率高达 40.6%，使用频率相当高。词频 100 位以后的立法词语覆盖率的累加整体来说非常缓慢，从前往后呈逐渐减缓趋势，词频前 1000 词的累加覆盖率高达 80.4%。可见，词频前 1000 词属于立法高频词，在立法语言体系中占据重要地位，是立法词汇使用很重要的反映量，因而除了立法词汇在语料库中的整体情况外，前 1000 高频词也将成为本文计量统计的重点考察对象。

三　立法词汇特征分析

本文对立法词汇进行了计量统计，在词类分布、词频、词长、词义等方面，立法词汇都体现出独特特征。

（一）立法词汇的词类与信息

词类是根据语法功能形成的词汇类型[①]，同时具有语法和语义信息。本文对立法词汇做了词类分布的统计，可清晰看出立法词汇的意义类型具有集中化的特征。

立法语言中一共出现了 11 个不同的词类，分别是名词、动词、形容词、区别词、副词、数词、量词、代词、介词、连词和助词，分布情况具体如表 1 所示。

表 1　立法词汇的词类分布

单位：次，%

	名	动	形	区	副	数	量	代	介	连	助	总计
词频	259171	215467	18750	12357	17987	33705	24471	16914	33765	29561	52771	714919
比例	36.25	30.14	2.62	1.73	2.52	4.71	3.42	2.37	4.72	4.13	7.38	100.00

可以看出，立法词汇以实词为主，名词、动词、形容词、区别词、副词、数词、量词、代词均为实词，词频达到 598822 次，比例高达 83.76%，虚词只占 16.24%。实词中又以名词、动词为主，名词的比例高达 36.25%，动词占 30.14%，词类集中的特点相当明显。这是立法文本功能实现的必然要求。

① 黄伯荣、廖序东主编《现代汉语》（增订五版），高等教育出版社，2011，第 7 页。

法律是以权利和义务为内容，以确认、保护和发展社会关系和社会秩序为目的的行为规范体系。[①] 这就要求立法词汇实现这两个方面的功能。

1. 以传递信息为主

法律功能的实现在很大程度上要依赖法律的语言形式。法律是以权利和义务为核心的一种行为规范体系，因此最主要的功能就是向公众传递权利、义务、概念、原则、规则等信息，这些信息只能通过实词来表达，虚词则只用于表达事物之间的关系、事物与行为之间的关系，是立法文本进行信息传递时黏合不同实词信息的一种语言手段。这就直接导致立法文本中实词占比高、虚词占比低的现象。

立法文本传递的信息量可由词汇密度体现。Ure 提出了“词汇密度”（lexical density）的概念[②]，她认为不同的词类具有不同的信息量，实词具有实际意义，内在的信息量比虚词大，因此实词占所有词的比例可以反映语言材料传播的信息量，也即词汇密度。篇章词汇密度的计算方法[③]为：词汇密度=实词数/总词数×100%。其文章进一步讨论了词汇密度和语体书面化程度之间的关系，经统计和分析后得出口语篇章的词汇密度为 40%以下、书面语篇章的词汇密度在 40%以上的结论，该文认为词汇密度的大小与书面化程度成正比。后来词汇密度通常被用来衡量词汇意义与信息量之间的关联，也成为区分不同语体的有效手段之一。

根据 Ure 提出的计算方法，立法文本的词汇密度高达 83.76%[④]，可见立法文本所传递的信息量非常大，这和法律的主要功能相契合。

2. 传递的信息以法律事件、法律行为为主

认知主义范式认为，词类的意义差别取决于它们在认知域内的基底上所勾画出的不同侧面，Langacker 提出名词勾画事件，凸显其事物性；动词

① 张文显主编《法理学》（第四版），高等教育出版社，2011，第 47 页。

② J. Ure, “Lexical Density and Register Differentiation,” in *Applications of Linguistics*, Cambridge University Press, 1971.

③ 词汇密度有不同的算法，Ure 和 Halliday 都主张按实词数和总词数的比例来计算。

④ 吕文涛、姚双云也提及了法律文本的词汇密度，该文的计算结果是 85.3%。尽管不同研究中法律文本词汇密度的具体数值有些差异，但总体认识是一致的，即法律文本的词汇密度较其他文本的词汇密度要大不少。参见吕文涛、姚双云《词汇规制与立法语言的简明性》，《语言文字应用》2018 年第 4 期。

勾画动作、过程、特征和关系，凸显其动作性。① 对于立法文本而言，权利、义务、关系、概念、规则、行为是法律表达的主要内容，基本上都是使用名词、动词进行表达，因此直接导致这两类词的使用频率相当高，立法词汇的意义类型集中化的倾向也就相当明显。

（二）立法词汇意义的刚性与弹性

陈炯、周赟等都认为法律语言应具有单义性②，以保证法律规范的准确性和确定性。但从立法词汇体系来看，这一说法值得商榷。张平、马谨安认为动词的义类分布与词的平均频次、词长均有关联。③ 因此我们对立法前 100 词、前 1000 词中不同词类的词型、词频进行统计，得到不同词类的平均词频（均频），进而分析立法词汇整体上的意义特征（见表 2、表 3、图 2、图 3）。

表 2　立法前 100 词的词频及平均词频

单位：次

	名	动	形	区	副	数	量	代	介	连	助	总计
词型	42	22	2	3	4	4	4	3	11	2	3	100
词频	87320	50154	3173	3781	10451	6823	19350	9068	26729	21796	51463	290108
均频	2079	2280	1587	1260	2613	1706	4838	3023	2430	10898	17154	2901

表 3　立法前 1000 词的词频及平均词频

单位：次

	名	动	形	区	副	数	量	代	介	连	助	总计
词型	413	359	37	20	29	69	14	15	28	11	5	1000
词频	200426	159611	13694	8995	16157	24675	23808	15030	33726	26177	52644	574943
均频	485	445	370	450	557	358	1701	1002	1205	2380	10529	575

① 参见张韧《关于词类本质的一个动态认知视角》，《当代语言学》2009 年第 3 期。

② 有关法律语言的单义性这一观点在不少文章中被提及，如陈炯认为，“体现法律规范的法律条文就必须鲜明准确，这就要求在制定法律条文时特别注意对语言文学的推敲。特别是法律术语结构上的融合性和语义上的单义性与其他书面语言的要求有显著差别”；周赟也提出，“法律用词必须讲究统一性（能用一个词表达的就不用两个词）、单义性（一个词只应具有一种意义）和稳定性（一个法律用词不应具备可替换性）”。具体参见陈炯《应当建立法律语言学》，《现代法学》1985 年第 1 期；周赟《论作为立法用虚词的“必须”——主要以“应当”为参照》，《苏州大学学报》（哲学社会科学版）2013 年第 1 期。

③ 张平、马谨安：《现代汉语高频动词义类分布及其与词频、词长的关联》，《语言文字应用》2018 年第 2 期。

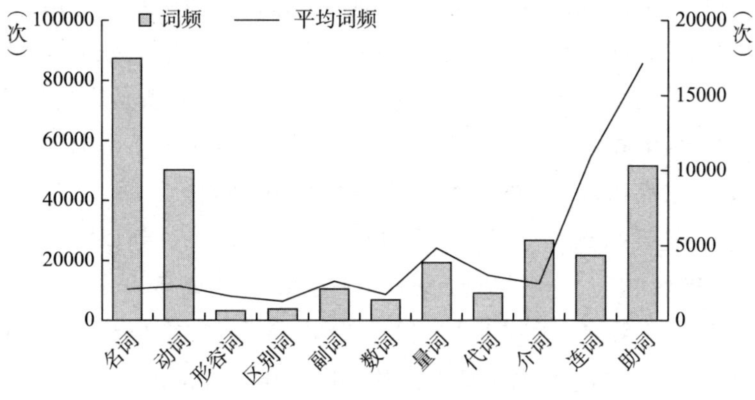

图 2　立法前 100 词的词频与平均词频

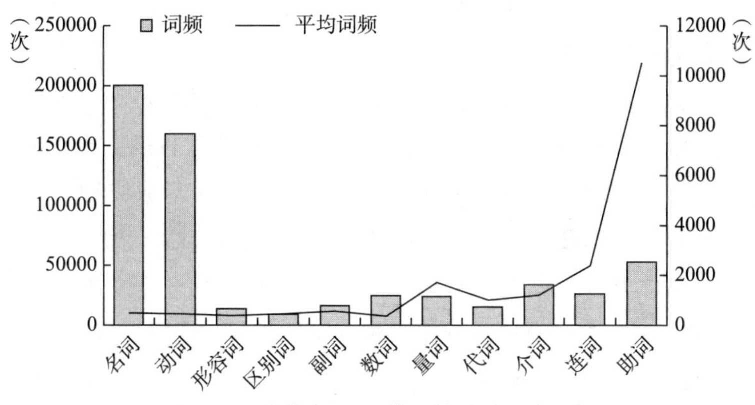

图 3　立法前 1000 词的词频以及平均词频

图 2、图 3 的柱状图表现不同词类总的词频情况，拆线图表现不同词类的平均词频情况。可以看出，立法词汇的总词频和平均词频呈现非常复杂的关系，有些词类的总词频和平均词频呈现出明显的反差。我们对立法前 100 词和前 1000 词的总词频和平均词频按照高低顺序进行了排列。

（1）立法前 100 词

总的词频顺序：名>助>动>介>连>量>副>代>数>区>形

平均词频顺序：助>连>量>介>代>副>动>名>数>形>区

（2）立法前 1000 词

总的词频顺序：名>动>助>介>连>数>量>副>代>形>区

平均词频顺序：助>连>量>介>代>副>动>名>数>区>形

通过比较可发现，名词、动词和助词、连词形成了截然不同的表现。名词和动词的总词频非常高，但平均词频却不高，两者呈负相关倾向。助词和连词的总词频和平均词频则呈正相关倾向，两个词类的平均词频尤其高，占据平均词频顺序的前两位。这实际上是实词和虚词不同词义特征导致的结果，这点在最高频的前5位词中得到充分体现。

排在立法高频词前5位的分别是：“的”（助词，48154次）、“条”（量词，13898次）、“和”（连词，11498次）、“或者”（连词，10298次）、“应当”（动词，8577次）。“的”“和”“或者”都是虚词，其中助词“的”的频率尤其高，比其他四个高频词加起来的总和都要多。“条”“应当”都是实词，这两个词的使用频率高是因为这两个词和法律的核心表达有着密切的关系。法律是由编、章、节、条、款、项、目构成的，“条”是组成法律规范的基本单位，一部法律总是由若干法条组成的，因此“条”的使用频率肯定会非常高。法律规范同样是法律条文表达的核心，对人们的行为进行模式、标准、方向等方面的规范，为了实现规范的目的，法律需要从大量实际、具体的行为中高度抽象出一些行为模式，从而形成特定的法律规范，通常认为，法律具有三大规范：禁止、义务和授权。[①]“应当”就是用于表示义务性法律规范的情态动词，使用频率高是理所当然的。“条”“应当”在立法文本中都具有明显的单义性，特别是“应当”一词，该词在全民语言中具有多种意义，但进入法律领域之后词义缩小，只能用于表达一种法律规范。[②]而“的”“和”“或者”这三个虚词则体现了和“条”“应当”完全不同的词义特性。“的”在立法文本中的广泛使用引起了不少学者的关注，王洁认为“的”字结构具有举要性质、指示无定对象、具有泛义色彩[③]，牛永艳提出法律语体中的“的”字具有指称、焦点凸显、假设、

① 舒国滢主编《法理学导论》，北京大学出版社，2006，第107~108页。

② 参见周赟《对法律文本中“应当”一词的语义分析》，《南阳师范学院学报》（社会科学版）2006年第10期；孙政、孔祥参《浅析法律语言中的“应当”与“必须”》，《沈阳干部学刊》2009年第6期；崔玉珍《从“行、知、言”三域看立法语言的“应当”》，载郭万群主编《中国法律语言学研究：理论与实践》，上海交通大学出版社，2013。他们都对立法语言的“应当”所表示的具体法律规范进行了探讨，虽然看法有差异，但在表示法律规范这一点上学者们一致认可。

③ 王洁主编《法律语言学教程》，法律出版社，1997，第61页。

定位和情感表达功能[①]，殷树林、尹若男则采用假设标记和自指标记来重新阐释立法语言中“的”丰富的功能[②]，这些研究都表明立法文本中的“的”比全民语言中的“的”词义更为丰富、泛化程度更高。而“的”词义丰富、泛化的基础应该是该词的使用频率高，因为使用频率是语言演化的机制[③]，没有高频的使用，词义难以发生演变。“和”“或者”也有类似的情况，“和”在通用领域大多表示并列关系，在立法文本中却既可以表示并列义，也可以表示相容性选择义；“或者”在通用领域大多表示选择关系，在立法文本中则同时具有相容性选择、相斥性选择、并列三种意义。“条”“应当”与“的”“和”“或者”的词义差异正是立法词汇中实词和虚词不同词义特性的体现，实词朝着单义、明确的方向变化，而虚词则呈现语义泛化倾向。又如立法词汇的第 7 位高频词“对”（5088 次）：

> （1）组织、策划、实施分裂国家、破坏国家统一的，**对**首要分子或者罪行重大的，处无期徒刑或者十年以上有期徒刑；**对**积极参加的，处三年以上十年以下有期徒刑；**对**其他参加的，处三年以下有期徒刑、拘役、管制或者剥夺政治权利。(《刑法》第 103 条)

此处介词“对”的语义是引入对象，但并不是纯粹的引入对象。法学界通常认为，法律条文是由假定、处理和法律后果三个部分构成的。例（1）中的“对”实际上就是引入假定的对象，“对”的意义由引入具体的对象变得更加广泛，泛化意味浓重。

实词和虚词在词义上的不同表现本质上是法律功能的内在要求。法律一方面要求准确、明确向社会公众传递法律事实、法律规范，这就是法律

---

① 牛永艳：《法律语体中“的”字结构研究》，硕士学位论文，华中师范大学，2013，第 11~19 页。

② 殷树林、尹若男：《立法语言中的“的”——兼论我国立法中“的”使用的技术规范》，《语言文字应用》2020 年第 3 期。

③ J. Bybee "Mechanism of Change in Grammaticization: The Role of Frequency," in Brian D. Joseph & Richard D. Janda (eds.), *The Handbook of Historical Linguistics*, Blackwell, 2003; J. Bybee & P. Hopper (eds.), *Frequency and the Emergence of Linguistic Structure*, John Benjamins, 2001.

的刚性，主要通过实词来体现；另一方面要求适应复杂多变的社会现实，即在立法者力求对生活事实进行提炼和归纳并形成法律规范的同时，要保证法律规范容纳将来可能发生的行为，换言之法律需要在不确定这一维度上保留足够的空间，这就是法律的弹性，虚词成为法律实现这一目的的语言手段，虚词的词义为了适应这一要求而呈现语义泛化倾向。

简而言之，实词和虚词在平均词频上的不同表现实际上是法律对不同词类词义压制的结果，是法律刚性和弹性的体现。实词被要求准确、明晰，使用频率和法律表达的内容密切相关，由于法律表达内容的丰富性，词汇数量会增加，实词的平均词频并不会很高；虚词则被要求词义泛化以适应、容纳更多未知关系，可相容的语境也就更多，平均词频自然很高。

（三）立法词汇的简洁与规约

简洁性是很多学者都认可的法律语言特性之一，如何实现立法词汇的简洁性？从形式而言，词长是词汇简洁性的重要体现，本文首先从词长来探讨立法词汇的简洁性。同时，词长和词频之间的关系也是计量语言学研究特别关注的一个问题，Zipf 就提出“词长和词频呈相反关系”[①]，邓耀臣、冯志伟，陈衡，张平、马谨安等对汉语词长和词频之间的协同关系进行了分析[②]。因此，为了能更深入地探讨词长与简洁性之间的关联，我们将词频因素也纳入考量范围，分别对立法前 100 词、前 1000 词以及总词汇的词长分布进行了详细考察，词长主要考察了单音节、双音节和三音节及以上三种情况，具体数据如表 4 所示。

表 4 立法词汇的词长分布情况

单位：次，%

词长	前 100 词	前 100 词比例	前 1000 词	前 1000 词比例	总词汇	总词汇比例
单音节	32	32.00	132	13.20	183741	25.70

① G. K. Zipf, *The Psycho-Biology of Language*, Houghton Mifflin, 1935, p. 25.

② 参见邓耀臣、冯志伟《词汇长度与词汇频数关系的计量语言学研究》，《外国语》2013 年第 3 期；陈衡《汉语词长的计量研究》，博士学位论文，浙江大学，2016；张平、马谨安《现代汉语高频动词义类分布及其与词频、词长的关联》，《语言文字应用》2018 年第 2 期。

续表

词长	前 100 词	前 100 词比例	前 1000 词	前 1000 词比例	总词汇	总词汇比例
双音节	61	61.00	752	75.20	460231	64.38
三音节及以上	7	7.00	116	11.60	70947	9.92
总计	100	100.00	1000	100.00	714919	100.00

从表 4 可看出，无论是高频的立法前 100 词、前 1000 词还是总词汇，双音节词都占据着绝对比重，比例分别为 61.00%、75.20%、64.38%，其次为单音节词，三音节及以上的词所占比例最低。Zipf 的研究表明词长与词频具有负相关关系，频率越高，词的编码形式越简单，词长越短。① 立法词汇的词长选择并不绝对地受词频影响，而是始终稳定地选择编码形式短的词，特别是双音节词，这有两方面的原因。第一，法律的社会功能限制了编码形式长的立法词汇。法律通过制定法律规范维护社会秩序，因此法律面向的是社会公众，法律需要有效地向社会公众传递法律事实和法律规范，这就要求立法语言表义简洁、清晰，词内部构造简单有助于意义表达得简洁、清晰，这是从结构角度对法律简洁性的一种保证，因此长度短的词成为立法词语更加倾向的编码形式，单音节词、双音节词也就成为立法词汇的主要构成成分。第二，法律信息密度大决定了双音节词语的高频使用。单音节词虽然编码形式短，但负载信息量少，难以满足法律信息量大的内在要求，双音节词就成为更优的编码形式。

立法词汇的简洁性并不是只依赖词长这一语言手段，因为立法词汇承载着大量的意义，其形式和内容之间需具有高效的整合机制，才能真正实现词汇的简洁性。换言之，词长选择只是立法词汇简洁性的形式保证，在内容上，立法词汇的词义和使用两个层面都出现了相应的协同手段。

1. 立法词汇使用大量的近义词进行表达

法律语言的简洁性要求立法词汇在结构上保证表义简洁、清晰，与此同时，上文提到法律语言的词汇密度很大，这意味着传递的信息量很大，为了同时保证传递的信息量及传递的简洁性，必然要求编码形式短的词内

① G. K. Zipf, *The Psycho-Biology of Language*, Houghton Mifflin, 1935, p. 25.

部也应有尽可能多的表义成分，以负载更多的信息量，从而导致立法词汇中出现大量的近义词，如“按照、遵照、依照、依据、根据”“执行、履行、施行”“实施、施行”“批准、允许、许可”等。

2. 立法词汇使用规约化的倾向十分明显

表义简洁清晰、信息量大的双重要求导致立法词汇出现大量的近义词，与之密切相关的一个现象是立法词汇的使用规约化。法律的生命在于执行，能否执行则取决于民众对法律的理解，因此立法语言的易懂性和可读性得到广泛关注。而大量的近义词在一定程度上会增加读者的理解负载，削弱法律的可读性，在这种情况下为使法律更加明晰、易懂，凸显词汇的常规关联成为一种有效的语言手段。

徐盛桓认为“常规关系”是世界事物自身的关系，通过认知的投射，既成为社会群体把握世界的方式和传播媒介，又为语言的表达形式所利用，成为形成一种句法结构的理据和理解语言表达内容的理据。[①] 谢晓明、王宇波进一步提出常规关系可以是概念之间的一种经常的、稳定的联系，概念之间可触发关联度较高的联想，这种常规关系语义上具有直接关系，认知上具有完形特征。[②] 两个概念如果共现的频率较高，在认知上就会获得相对突出的地位，两个概念之间也容易相互激活，从而建立常规关系。实践中大多会通过常规关系的建立来进一步明晰不同近义词之间的区别，如“实行”“实施”“施行”这三个近义词的词义差别非常细微，三者均为动词，都有用行动去完成某事的意思，但使用上却有明显的区别，具体如下：

（2）a. 实行：（主体）+实行+原则、制度、管理

b. 实施：（主体）+实施+行为、犯罪

c. 施行：法令规章+施行

可以看出，“实行”“实施”“施行”三个词在论元结构和使用搭配上

① 徐盛桓：《常规关系与语句解读研究——语用推理形式化的初步探索》，《现代外语》2003 年第 2 期。

② 谢晓明、王宇波：《概念整合与动宾常规关系的建立》，《汉语学报》2007 年第 2 期。

出现了分化。“实行”和“实施”同为二元动词，但两者在动宾搭配上呈现出截然不同的倾向，“实行”所接宾语通常为“原则、制度、管理”等含义较为宽泛的词语，“实施”所接宾语则多为“行为、犯罪”等含义相对具体的词语。“施行”则为一元动词，论元多出现在主语位置，而且通常局限于“法令规章”。因而，三个词和不同的概念形成了常规关系，这些常规关系进一步巩固，形成使用上的规约化。赵世举提出“词潜存的语义表达框架反映在词汇系统中”①。这本质上就说明，在一定的词汇系统中，某些词受词汇语义的制约，在使用上具有了规约化特性，从而形成特定的组配框架。

总之，立法词汇的简洁性并不是某种语言手段的结果，而是短词、同义词、使用规约化三种语言手段的协同结果。

（四）立法词汇的边界与级差

法律应明确已成为一种共识，法谚云：“法律不明确，等于无法律。”②哈耶克也认为真正的法律“必须是已知而且确实肯定的”③，可以说，明确性已成为立法所追求的目标之一，这是法律确定性所必然要求的结果。以往研究大多是从宏观层面讨论法律的明确性，但并没有切实探讨法律明确性的具体语言手段。我们通过考察发现，立法词汇的明确性主要通过两大语言手段实现：词义边界的清晰化和语义级差的锐化。

1. 词义边界清晰化

Frege 认为，要区分事物就必须划定个体事物结构的边界，因为没有边界的事物是不存在的。④但事物内部和外部之间的边界有时是清晰的，有时是模糊的、自然的或者人工的。作为社会行为规范体系的法律，其概念

① 赵世举：《试论词汇语义对语法的决定作用》，《武汉大学学报》（人文科学版）2008 年第 2 期。

② 转引自罗传贤《立法程序与技术》（第 6 版），（台北）五南图书出版股份有限公司，2023，第 129 页。该法谚的原文为“where the law is uncertain，there is no law”。

③ 〔英〕哈耶克：《自由宪章》，杨玉生、冯兴元、陈茅等译，中国社会科学出版社，1999，第 331 页。

④ G. Frege，“On Sense and Reference”，in P. Geach & M. Black，*Translations from the Philosophical Writings of Gottlob Frege*，Blackwell，1952.

之间的边界应力求清晰，否则会因不同概念之间的模糊而产生法律纠纷。为此，立法文本通过不同的手段加强立法词汇词义边界的清晰化，这可以从词类的分布倾向中看出来。前文提到，立法文本的词汇密度相当大，实词占比相当高，但实词内部不同词类的比重差异较大，名词、动词占比较高，其他词类的占比都非常低，特别是副词、形容词和区别词这三类词，立法前100高频词中就只有2个副词、2个形容词、3个区别词，尽管数量不多，但它们都很明显地体现了词义边界清晰的倾向。在日常语言中，副词、形容词、区别词的词义相对于名词、动词的词义而言不够具体，词义的边界大多比较模糊。可在立法文本中，副词都属于限定性副词，词义边界清晰，如"不""依法"等；区别词都是起区别、限定作用的，词义边界清晰；形容词在进入法律领域后发生语义变异，从日常语言词义边界模糊的描写性形容词演变成了边界清晰的限定性形容词，如"轻微"一词在《现代汉语词典》中的释义为"不重的；程度浅的"[①]，词义边界很模糊，在立法文本中却有着确定的边界，如刑法上的情节轻微一般指犯罪手段、行为、对象、动机、后果等方面刚达到犯罪起点。

语义变异成为立法词汇词义边界清晰化的主要手段。法律是随着社会发展而划分出来的一个行业，因此法律领域中不少词语都是从日常语言中独立出来、在法律领域发生意义变异的，最终形成和日常语言迥然不同的词义特点。[②] 其中一个明显的变化倾向是词义边界的清晰，上文提及立法文本的形容词大多发生了词类语义变异，除此之外，部分名词也会出现这种情况，如：

(3) 本法所称以上、以下、以内，包括本数。(《刑法》第99条)

(4) 民法所称的"以上"、"以下"、"以内"、"届满"，包括本数；所称的"不满"、"以外"，不包括本数。(《民法典》第1259条)

① 中国社会科学院语言研究所词典编辑室编《现代汉语词典》，商务印书馆，2016，第1063页。

② 崔玉珍：《法律常用词语应用之探索》，载《法治的哲学之维》（第4辑），当代中国出版社，2018。

这两例都是名词“以上”的用例，在立法文本中“以上”被明确规定包括本数，从而实现了词义边界的清晰。Croft 和 Cruse 认为，一个词的全部意义潜势是概念空间的一个区域，当前识解是为其中的一部分确定边界的结果。[①] 在立法领域，词语的当前识解得到凸显，词语意义的边界也随之清晰。

2. 语义级差锐化

形容词词义边界的清晰也带来了另一个现象：语义级差的锐化。语义级差是马丁（James R. Martin）评价理论（Appraisal Systems）中的一个重要概念，该理论认为，语言是语言使用者的一种评价资源，包括三大子系统——态度、介入和级差，其中级差系统是对态度介入程度的分级资源，包括语势（force）和聚焦（focus）两个子系统，聚焦子系统主要是把不能分级的态度范畴分级，通常有锐化（sharpen）和柔化（soften）[②] 两种操作。在立法文本中，语义级差的锐化现象明显，如下例：

> （5）有下列情形之一，操纵证券、期货市场，情节严重的，处五年以下有期徒刑或者拘役，并处或者单处罚金；情节特别严重的，处五年以上十年以下有期徒刑，并处罚金。（2017 年《刑法》第 182 条）

在日常语言中，“严重”是一种程度的描写，词义边界模糊，无法进行程度的分级。但例（5）中“严重”和“特别严重”分别对应两类具有不同量刑的情节，形容词“特别”就带有了分级、区别的意义，实现了立法领域中程度分级的锐化和聚焦。

四　立法词汇特征的语体塑造

法律条文中词语的含义和理解通常会决定法律解释的最终走向，因此对立法词汇的认识具有重要作用，可进一步促进立法词汇释义模式以及解

① W. Croft & D. A. Cruse, *Cognitive Linguistics*, Cambridge University Press, 2004, p. 109.

② 聚焦子系统的 sharpen、soften 也被翻译成明显和模糊，详见王振华《评价系统及其运作——系统功能语言学的新发展》，《外国语》2001 年第 6 期。

释路径的完善。我国学者对立法词汇特点做了不少研究，准确性、严谨性、庄重性、简洁性等常被用于整体描述立法词汇特征，此前研究一定程度上揭示了立法词汇的独特之处，但相关表述多为经验性概括，难以全面、深入地揭示立法词汇的本质特征，这也直接影响了立法词汇解释的准确性和科学性。

如何挖掘立法词汇的本质特征？从语言使用这一根本属性来看，对立法语言的语体认识具有重要作用。语言在不同的社会领域内进行交际时，由于不同的交际环境、交际目的而选择不同的语言表达方式，从而形成不同的语体。语体是由具有语体特征的语言成分经过系统选择而体现出来的。[①] 近年来功能路径的研究不断发展，其中功能主义语法研究强调语体因素的影响，认为语体应成为语言研究的基本出发点。[②] 可见，语体作为交际需求差异的产物、适应不同使用情境的结果，和语言的方方面面都有着密不可分的关系，对语法、词汇、语音都有塑造作用[③]，决定了语言使用中语法、词汇、语音不同子系统的基本面貌[④]。从这个角度出发，我们对立法语体进行探讨，然后基于立法语体的分析揭示立法词汇特征的形成动因。

对于“语体”这一概念，许多学者从不同角度提出了自己的看法。冯胜利认为“语体指实现人们在直接交际中最原始最基本属性的、用语言来

① D. Crystal and D. Davy, *Investigating English Style*, Longman, 1969; M. A. K. Halliday, *Explorations in the Functions of Language*, Edward Arnold, 1973.

② 参见陶红印《试论语体分类的语法学意义》，《当代语言学》1999 年第 3 期；张伯江《语体差异和语法规律》，《修辞学习》2007 年第 2 期。

③ 唐松波就认为：“语体是人们在社会发展过程中，在不同的活动领域内运用语言特点所形成的体系。这些特点首先体现在词汇和熟语材料的选择上，其次是语法结构，最后是语言手段的选择……决定这些差别的因素是交际的对象、交际的目的以及具体的内容。因此语体又叫做功能（职能）语体。”参见唐松波《谈现代双语的语体》，《中国语文》1961 年第 5 期。

④ 语体视野下的语法研究开辟语法研究的新路径，冯胜利认为“语体语法是为表达某一语体的需要而生成的语法，就是说，语法为语体服务，语体促成语法（或格式），于是形成语法和语体之间相互依赖的关系”。相比而言，对于语体词汇的研究却较少有学者涉猎，唐松波、李如龙等都提出语体与词汇的关系密切；汪维辉提出“语体词汇”的概念，认为“不同的语体有不同的词汇，不同的词汇反映了不同语体的需要”。但词汇如何为语体服务？语体对词汇又有怎样的塑造作用？这些问题都有待深入研究。

表达或确定彼此之间关系和距离的一种语言机制”[①]。徐默凡提出语体“是由交际意图、人际关系、媒介形式、表达方式等多种因素综合决定的言语行为类型”[②]。学者们关注的侧重点各有不同，但基本上一致认可语体具有一个根本属性：功能性/功用性。这一根本属性也是语体对词汇、语法等方面进行塑造的原动力，在功用性的推动下，特定语体对语言成分或结构进行压制，形成了相应的独特系统。立法语体的功用属性尤为显著，因为法律作为一个具有重要社会现实意义的功能场域，其主要功能就是通过规范体系来指引、协调社会行为，古德里奇就把立法文本看作一种社会规则或规范的动机[③]，考夫曼认为立法者通过“类型化”手段对生活事实进行提炼、归纳、形塑从而形成立法规范[④]。这充分体现了立法文本的功用属性，立法语体的功用属性对进入立法领域的词汇进行压制和塑造，立法词汇的语义特征因而具有了特定语体的指向性和动态生成性。在词义解释理论中，生成词库理论致力于动态语义生成机制的挖掘，这一理论认为“词义并不是这样静态地、缺乏联系地被列举出来，而是具有动态生成性特征，即词语在不同语境下的意义都可以通过一套语义生成机制被生发出来”[⑤]。为此，生成词库理论构建了一套独特的词义描写方法，包括论元结构、事件结构、物性结构和词汇类型结构四个描写维度，其中“物性结构”是“最为核心的内容，同时也是构建词义的基础，为语言知识和百科知识的表征提供了接口”[⑥]。在物性结构的语义框架中，Pustejovsky 以 4 个物性角色对词汇本体知识进行系统描写。[⑦]

---

① 冯胜利：《语体语法及其文学功能》，《当代修辞学》2011 年第 4 期。

② 徐默凡：《论语体言语行为》，《当代修辞学》2013 年第 2 期。

③ 〔美〕彼得·古德里奇：《法律话语》，赵洪芳、毛凤凡译，法律出版社，2007，第 62~77 页。

④ 〔德〕亚图·考夫曼：《类推与“事情本质”——兼论类型理论》，吴从周译，（台北）学林文化事业有限公司，1999，第 103~113 页。

⑤ 李强、袁毓林：《语义解释的生成词库理论及其运用》，外语教学与研究出版社，2020，第 69 页。

⑥ 李强、袁毓林：《语义解释的生成词库理论及其运用》，外语教学与研究出版社，2020，第 69~70 页。

⑦ Pustejovsky 物性角色的定义源自 Moravcsik 对亚里士多德“四因说”（aitia）的诠释。具体参见袁毓林、李强《怎样用物性结构知识解决“网球问题”?》，《中文信息学报》2014 年第 5 期。

①构成角色（constitutive role）：描写一个物体与其组成部分之间的关系。

②形式角色（formal role）：描写对象在更大的认知域内区别于其他对象的属性。

③功用角色（telic role）：描写对象的用途（purpose）和功能（function）。

④施成角色（agentive role）：描写对象怎样形成或产生。

可以清晰看到，物性结构这一语义框架借助物性角色知识，可弹性地捕捉词汇的生成本质与词义延伸现象，对语言的创造性使用，尤其是对词项在不同的语言环境下浮现出（emerge）不同的意义这一动态性词义变化现象进行说明和解释。[①]

物性结构和立法语体对立法词汇的塑造作用高度一致，而且不同语体本质上就是不同交际情境下浮现出的特定语篇类型，因此可将物性结构用于特定语体的描写，从而为语篇的客观属性和主观评价提供一个统一的描写框架，进而揭示特定语体对内部词汇、句式等方面的影响和压制。基于这样的想法，我们从物性结构出发对立法语体进行分析，进而分析不同物性角色对立法词汇的影响。

从构成角色来看，法律是一种规范体系，因而行为、规则、关系是立法语体的主要组成部分。这一语体属性决定了立法词汇主要的信息类型，即集中在表示概念、行为、规范的名词或动词上。

从形式角色来看，法律规范体系决定了立法语体在认知上的区别性特征为行为规范。一方面，这一形式角色使得表示行为规范的动词使用频率非常高，表示义务性行为规范的“应当”处于第 5 位（8577 次），表示授权性行为规范的“可以”第 12 位（3823 次），表示禁止性行为规范的“不”第 14 位（3733 次），行为规范作为规范核心进一步联结相关的法律概念、规则等信息成分，从而使得立法文本的信息密度非常大。另一方面，规范体系在认知上的区别性特征则要求相关规范表达的单一性，这由

① 袁毓林、李强：《怎样用物性结构知识解决“网球问题”?》，《中文信息学报》2014 年第 5 期。

立法词汇系统中的实词单义性来实现；而规范体系的层级则同时允准了不同规范之间的连接具有一定程度的弹性，这由虚词语义的泛化来实现。

从功用角色来看，法律是由国家机关制定并由国家机关在全社会执行的社会规范，这意味着法律为社会公众的行为提供标准、模式和限制。这就要求法律应被社会公众理解、接受和遵守。立法词汇的词长短、近义词多、用法规约化都成为功用角色要求下的词汇手段，通过这些手段提高立法词汇的认知度、降低立法词汇理解的难度，从而增强立法词汇的可读性，实现有利于公众理解的目的。

从施成角色来看，法律要成为一种社会规范，类型化概括过程是必要的，“立法者对一系列的生活事实进行提炼和归纳，使其成为一个在语言中可以用概念方式加以表达的法律规范，并对此规定一个法律效果”①，这就是类型化的过程。立法词汇词义边界清晰化和语义级差锐化就是法律行为类型化的语言手段，这两个手段提高了立法表达的明确度和清晰度，从而形成相互具有区分度的不同类型。

总的来说，立法词汇的语义特征由立法语体塑造而成，借助物性结构概念可对立法语体对于立法词汇系统的塑造过程进行清晰的勾勒，如图 4 所示。

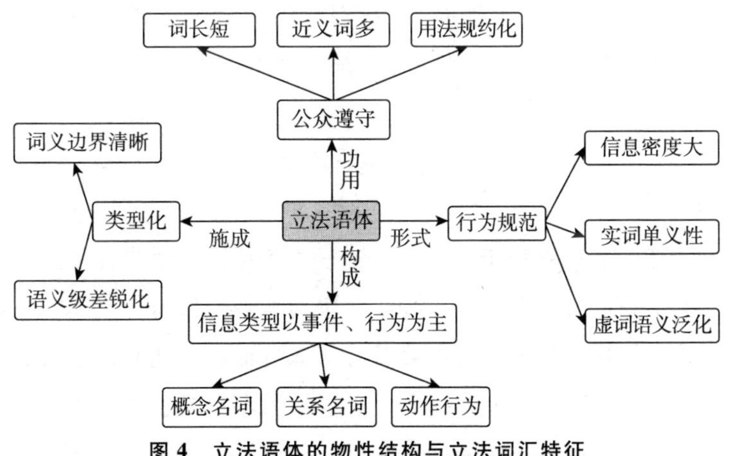

图 4 立法语体的物性结构与立法词汇特征

① 〔德〕亚图·考夫曼：《类推与“事情本质”——兼论类型理论》，吴从周译，（台北）学林文化事业有限公司，1999，第 113 页。

立法语体对词汇的塑造作用可帮助我们有效地进行特定立法词汇的解释和刻画，如“严重”一词，在立法语言语料库中出现 950 次（第 128 位），属于高频词，但由于该词可同时出现在通用领域和日常语言中，非法律领域的理解干扰了其在法律领域的意义，以致法律文本中“严重”一词的语义存在不清晰的地方。我们可以借鉴物性结构对此进行分析：

(6)“严重”的物性结构

形式：某一方面的程度。

构成：手段、行为、对象、动机、后果等方面的较深程度。

功用：不当行为中情节程度的等级判断，例如，情节×××的。

施成：量刑的其中一个等级，特指加重量刑档，例如，有下列行为之一的……处五年以下有期徒刑；情节×××的，处五年以上十年以下有期徒刑。

通过“严重”物性结构的指引，我们可以进一步挖掘其句法组合信息，该词可进入“情节严重”“特别严重”等格式，但不能进入“很”“有点儿”这些格式。此外，还可以把一些概念关联起来构建关系网络，如“显著轻微”“轻微”“严重”“特别严重”就可以通过量刑等级这一“施成”物性角色串联起来，形成法律概念关系网络。

五　结论

词汇的意义总是有赖于语境①，立法语境的特殊性造就了立法词汇的独特性。本文采取自下而上的方法对立法词汇系统进行了全面、系统的考察，通过统计量化手段揭示立法词汇的基本特征，在此基础上进一步探讨了立法词汇特征的形成动因，提出立法语体的塑造是根本原因，并借助物性结构框架对立法语体的塑造过程进行了阐述，认为立法语体在形式、构成、功用和施成四个方面的属性使得立法词汇呈现信息密度大，意义具有

① J. R. Firth, *Papers in Linguistics 1934-1951*, Oxford University Press, 1957, p. 37.

单义和语义泛化的双重性，词长短、近义词多、用法规约化的简洁性，以及词义边界清晰化、语义级差锐化的明确性。这种探讨在很大程度上有助于厘清我们以往对立法语体特征或立法词汇特征的经验性认识，对以往的主观性认识进行理性分析，也能促进我们对立法特定词汇的认识和解释，从而推动立法语言的规范化以及立法技术水平的提升。

词汇是语言结构的基本单位之一，是意义表达和实现交际的工具，因而在语言运用中起着不可或缺的作用。法律通过“精确合适的词汇模塑出一种世界经验……把人类的共同生活调控到有秩序的轨道上”[①]，可见立法词汇的独特性是与法律自身的社会功能紧密交织在一起的，法律的社会功能也直接决定了立法语体的本质属性，因而从立法语体的物性结构出发可清晰揭示不同词汇在法律语境下的意义浮现。

① 〔德〕弗里特约夫·哈夫特：《法律与语言》，载〔德〕阿图尔·考夫曼、温弗里德·哈斯默尔主编《当代法哲学和法律理论导论》，郑永流译，法律出版社，2002，第293页。

张军检察长在司法语境下接访的语言艺术*

中国政法大学法律语言研究中心　王　洁

摘　要：本文关注张军检察长在鲜活的司法语境下运用法律语言的艺术，从司法的人文情怀、司法语言运用的能力、自信等方面进行例证和赏析，并从中总结张军检察长的法律语言观，即最好的法律语言是法律人讲的社会语言、生活语言。在此基础上，本文进一步探索了张军检察长法律语言观对法律语言学学科体系构建的启发和影响。

关键词：法律语言；人文情怀；社会语言；生活语言

一　前言

近日，我仔细阅读了2020年5月12日《法制日报》刊发的《最高检检察长接访记》一文，颇有感悟。

文章前的“编者按”如是说：

> 信访申诉案件接访历来是司法机关办案的“老大难”问题。“老大难、老大难，‘老大’去办就不难”。2019年12月4日，最高人民

* 作者有幸在最高检办公厅原主任王松苗的引见下拜访了最高检时任检察长张军。本文有些观点就是摘录自那次面对面的谈话。

检察院党组书记、检察长张军在重庆市检察机关调研时，与当地检察官组成办案组，联合接访一起行政申诉案件。

接访过程中，检察官办案组耐心倾听申诉人诉求，就申诉人的最大利益深入浅出地说法理、谈情理、讲道理，让申诉人有相应的“获得感”。经过检察官办案组耐心细致的工作，申诉人最终决定息诉罢访。

我不是法律专业人士，对这起信访申诉案件所涉及的行政申诉检察业务并不精通，但作为多年来关注、探索法律语言问题的学者，我对最高检原检察长张军在接访法律语境下与来访人的言语交际艺术深为赞叹。整个接访过程中，从开始到结束，面对牵扯多部门、涵盖多种因素、当事人曾长期申诉的案件，张军检察长共有39处或问或答或陈述的句子及语段，呈现出精彩绝伦的话语组合，像一首交响乐曲，高音、中音、低音都有，层层奏响法、理、情的乐章。

张军检察长没有受过专门的法律语言训练，为什么他可以将法律语言运用得炉火纯青？正如他所说的，原因主要有三点。

首先是情怀。以人民为中心，先有情怀，才能认真对待当事人。只有尊重当事人，才能换位思考，语言中听，得到当事人的信任，“案结事了”的目标也就实现了一半。这种情怀，源于张军检察长的成长环境，源于传统文化的滋养。

其次是能力。语言运用的能力，包括判断当事人生活背景以及语言运用种类的能力，也就是俗话说的“见什么人说什么话”。这种能力，一定是在他个人的成长经历中凝练而成的，没有这种凝练和积淀，就不可能在办案中尊重他人，也就无法呈现语言的正向力量。

最后是自信。只有自己先相信，才有能力感染别人相信。有自信的人，才有能力驾驭语言。临时决定接访的案件，又是行政申诉案件，但张军检察长相信法理是相通的，公正也是相通的，他的语言在整个接访过程中散发出令人信服的气场。

这一套“组合拳”恰恰彰显了共和国前首席大检察官尚法、为民的法治情怀！

张军检察长说，最好的法律语言就是法律人讲的社会语言、生活语言。因为是法律人讲的，所以有法律底线，能把当事人听得懂的语言跟法言法语对应上。

我选择性地摘录张军检察长与来访人马仁义的对话笔录，并从法律语言的视角解析，寻找"'老大'去办就不难"的原因，探寻共和国前首席大检察官如何运用法律语言艺术，成功提升办案的政治效果、社会效果、法律效果，深层理解张军检察长所说的用好法律语言的三个要点——有情怀、有能力、有自信。

二 情怀

2020年，笔者阅读了《最高检检察长接访记》一文后，对张军检察长的接访笔录产生了浓厚兴趣，并就张军检察长的语言风格、语言效果、法律语言艺术等问题专题访问了张军检察长。[①] 在这次访问中，张军检察长说："客观讲，让法官、检察官去学习法律语言，再有意识地运用到工作中，这样的情况在实践中很少。大多数同志都没有专门学过法律语言，我也没有，可为什么您对我的法律语言运用表示肯定呢？……用好法律语言，首先要有情怀。这个情怀不是说空话，实际就是习总书记强调的以人民为中心，把人民放在心上。先有情怀，才能认真对待当事人。只有尊重当事人，才能换位思考，客观地替当事人分析他的处境、权利以及可能出现的案件办理结果。你尊重当事人，他是能感受到的。就像接访时，我一见面就叫'老哥'，那就是尊重。对我们的当事人，不管什么身份，你都要去尊重他，你尊重他了，或许就能感动他。打个比方，就像医生看病，先把心病医好了，实病再慢慢治疗。你才能感染人，让当事人觉得你说的是可信的，可接受的。"

接访一开始，张军检察长的身体语言和口头语言就凸显出人文情怀。在第1、2、3、4、5、6句中，张军检察长在见面互动语言中，开场先主动问好，接下来借用来访人的名字，从称谓"马总"到"马仁义"，借名发

① 此次访谈经整理后形成《最好的法律语言是法律人讲的社会语言、生活语言——王洁教授与张军检察长对话摘录》一文，载王守泉主编《法治新闻传播》（第四辑），中国检察出版社，2020。

挥：“多仁义的老总啊！快请坐。”接访者热情、尊重、有温度，带着微笑的为民执法态度，溢于言表，生动的执法场景也让读者身临其境。

一般情况下，接访者强势，来访者弱势，更何况马仁义面对的可是副国级的最高检检察长啊。张军检察长换位思考，心里有数，才使他基于法律思维选择了带有语尾助词的句子。赞扬马仁义是个“大仁大义”的老总，或者希望他做个大仁大义的老总，这展示了检察长话语间的应变能力，充满轻松幽默，但深层话语剑指言语交际的“合作原则”，使马仁义与他同向而行。

“听您的，您说吧。”用祈使句这种期待、温和的语气，温暖了对方。马仁义有一肚子的话要诉说，检察长的一句话在他申诉的阴云里射进了一道阳光。语言简练、精准到位、传情达意、平易近人，充满了对来访者的尊重。称呼“您”，“听您的”“您说”，又让人感到“老大”为民执法的真诚和豪爽气概。

马仁义接下来说了三句话，张军检察长只回应了“五八年出生”这半句，借以拉近距离，缓解来访者的紧张情绪，营造轻松的言语交际氛围。第 3 句和第 4 句仍出于这个话语目的。对马仁义的自我介绍，张军检察长在倾听的同时，给予了肯定和赞赏。值得注意的是张军检察长引领话题的修辞艺术。

“五八年，那我还是兄长啊，我是五六年。”（回应，平等，接近。）

“您非要调成五六年，那您就是老哥了，应该叫您马兄啊。”（应变，平等，拉近距离，为同向而行铺路。）

这段前后衔接的言语交际，凸显张军检察长为民执法的情怀、引领话题的修辞艺术、语言应变的能力和话语连贯的严密逻辑。

当马仁义说自己有点紧张时，张军检察长立即回应说：“我都不紧张，您还紧张?”用反问式肯定语气告诉马仁义不用紧张，并把自己拉进去，形成与马仁义平等的言语交际关系，接着就说：“听您的，您说吧。”以这种祈使句表达“我为您服务”，执法为民，“听”的内涵丰富。

检察长使用这样有温度的亲民语言，瞬间拉近了与马仁义之间的距离，为顺畅交谈祛除紧张因素，为营造宽松的交谈语境“铺路搭桥”，这在下面的言语交际过程中十分明显。

在习近平法治思想的指引下，来源于中国传统文化的这种司法精神、人文情怀贯穿于张军检察长接访始终。

三 能力

查明事实、分清责任的提问环节，体现了张军检察长的询问语言艺术、始终引领话题的能力。

马仁义在李荣辰副检察长的引导下，陈述了其信访申诉案件的基本情况。张军检察长接下来的第 7、8、9、10 句都是关心死者家属和死亡赔偿的问题。第 11 句先是对马仁义及其企业处理死者后事的方式表示认可，然后以同理心换位思考，站在马仁义的角度、以疑问句的形式，问到了马仁义的心结处。从马仁义的回复看，他感到被检察长理解。

不同类型的问句有不同的提问意向。提问意向确定，把握准确，选择的提问类型符合提问意向要求，可以使问答互动言语按问话人预设的目标顺利进行，所以提问意向要有策略性和技巧性，体现在具体的疑问句和疑问言语链的组合中。语用者选择疑问句、组合疑问言语链最终追求的问话目标是使疑问焦点“真相大白”。

张军检察长对疑问句的选择和疑问言语链的组合是由他的提问意向决定的。查明事实、分清责任是他提问的目的，提问剑指合同法的相关条款和相应内容。

第 12、13、14、15、16 句，张军检察长连续使用了四个特指疑问句、一个选择疑问句，层层递进，有的是“明知故问”，让马仁义意识到事故当天的调试就是应履行的合同义务，并进一步以安装窗户打比方，深入浅出讲法理，让马仁义感到“说得有理”。

12. 张军：程某去现场对防火卷帘门进行调试，应该说是有经验的吧？

马仁义：他是我公司的老员工了，专门做这个的，也有安全员证。

13. 张军：程某去进行调试是按照合同您们必须完成的一道工序

才算交工？

李彦杰：不是。

14. 张军：您最后调试验收过吗？

李彦杰：我们在安装时就已经调试过了，但是他们消防控制中心要做一个消防调试。他们因为心里没底，让叫一个人来看着，如果哪里有问题，好及时查找。

15. 张军：如果已经调试并验收完了，那这次去是您公司的义务内容吗？当天的这次调试是履行合同义务还是合同之外的？

马仁义：防火门在当时安装完成后已经进行了调试，之后这次是A建筑公司通知我公司去调试的。

16. 张军：那这就是履行合同内容。如果你们安装的线路不能和消防联通就没有用，就像你们要安装一个窗户，就必须和楼体结合起来，能不能结合到时候再看。不能说窗户往那里一放就完了，有多大的缝隙跟我没关系。这次调试也是合同的一部分，是在履行合同的过程中。

马仁义：是是，这句话应该这样理解。这句话说的有理。

张军检察长这个安装窗户的例子（第16句），交替使用法律语言和日常语言，用浅显易懂的生活例子，打破了法律语言建构的法律世界与日常语言建构的日常世界的“区隔”。[①] 这个例子立刻得到了马仁义的认可。张军检察长又追问：“那么从防火卷帘门使用功能上讲，是您公司合同中约定的进行调试的义务对吗？”一锤定音，确认马仁义已经明白事故当天的调试是其公司应该履行的合同义务。

① 德国学者考夫曼在《法律哲学》一书中将语言分为日常语言和法律语言。法律语言是法律专业人士通行的一种身份语言，它是通过立法创制的，司法领域更是法律语言的世袭领地。但是普通人生活在日常世界中，以一种日常语言交往并生活在日常语言所构造的社会中。参见〔德〕阿图尔·考夫曼《法律哲学》（第二版），刘幸义等译，法律出版社，2011。陈兴良在《法律在别处》一文中，认为在日常语言所建构的日常世界与法律语言所建构的法律世界之间存在某种“区隔”。参见陈兴良《法律在别处》，《法制资讯》2008年第3期。

18. 张军：这次事故之所以发生的原因之一，是刚才您说的环境比较暗，还有一个不相干的第三方公司员工在那里操作，他是出于什么原因去按的卷帘门的按钮？

马仁义：主要是他们施工的时候，门是（需要）打开的，下去以后他发现门关闭了，他就想打开门……

19. 张军：意思是他按那个按钮就是要把门打开，他不知道有人在那里就按了按钮。

马仁义：因为他也是刚从学校出来，18 岁。

20. 张军：在调试过程中如果有一个警示装置，或者调试单位要是能再派一个人在那里照看，就不会发生事故了。整个卷帘门调试过程中，这个门升降是你们自己打开的，程某肯定是自己在调试，没有另外的人来照看。这个程某是知道的。如果他自己警惕性更高一些，危害后果就可能会避免。就比如说，我自己家的灯保险丝坏了，我去门外拉了电闸后在家换修，我就会害怕。因为一拉保险丝周围邻居也没电了，他们突然合闸上去就会发生触电，我就会给我爱人说到外边看着点，免得谁不小心合上，您老头儿就麻烦了，我就得注意这样。

马仁义：这个卷帘门当时的按钮是现场任何人都可以去按到的。

21. 张军：没错，但是这个时候在调试，就不能随便地升降，就得注意点安全。这个现场谁都应该能想到的。

以上话语，张军检察长的言语思路均指向马仁义的公司对这起事故应当承担责任。第 19 句重复马仁义的话，确认第三方公司员工按卷帘门按钮的原因，第 20 句使用了建设性语言，讲理、讲法，提出调试过程中有一个警示装置或者再派一个人照看，可以避免事故发生。为此，张军又举了一个生活事例，再一次从法律语言转换到日常语言，更加接近生活，便于作为非法律人士的来访者理解和接受。“我就会害怕”“我就得注意这样”，张军检察长用自己做例子，意指死者程某作为调试卷帘门的专业人员，应当有安全意识和警惕性。

看到事物本质的人才会即兴举例，张军检察长信手拈来，看似轻描淡写地举例，实则基于深厚的法学理论基础、丰富的司法实践经验和“以人民为中心”的司法情怀。这些语言直击来访者的心理，使其心服口服。

正如陈兴良教授在《法律在别处》一文中所言，“法律是用语言来表述的，因而法律存在于语言之中，隐藏在语言之后，这是一个不言而喻的事实”，“法律恰恰就是语言本身。不仅如此，法律得以存活的诉讼过程，就是一种语言的复杂游戏，一门语言的修辞艺术”。我们需要这样提醒自己，法律不在别处，法律就是语言。

张军检察长正是用法律语言与日常语言穿梭的表达方式，让生活在日常世界的马仁义明白，他们公司在此次事故中应当承担责任，使他在心理上与自己的观点同向而行。司法者的释法语言能力冲破了“日常语言所建构的日常世界与法律语言所建构的法律世界之间存在的某种区隔”，让来访者听明白、易于接受，又一次为后续双方的言语交际铺垫了同向而行的合作基础。讲法、讲理脉络清晰，逻辑严谨，语言运用恰当到位，展示着法律人的情怀和魅力。

在充分肯定马仁义作为企业老总具有较强社会责任感的同时，张军检察长指出这个案子“从程序上还是公正的。可在实体上你们还是认为不公正”，并就这一认识上的差距，进一步为来访人客观分析了如果继续坚持申诉可能出现的三种结果，以及对检察机关处理结果不满意的救济措施。张军检察长把对方想到的、没想到的种种情况都说清了、说透了，所以才让马仁义感到“怎样我觉得我都服了”。

张军检察长的语言能力展现是多方面的，他从国家治理体系和治理能力现代化的角度，生动地诠释了“谁执法，谁普法”的理念，他现身说法后，点到了马仁义感到不公正的原因——行政机关在处理时“摇摆不定”，而对待这样的处理，马仁义做到“罚款也都交了，死者的补偿也都到位了，到位了您才来起诉这个案件，程序您也都走到了，说明您也很有法治意识”。张军检察长转而提到“党的十九届四中全会说推进国家治理体系和治理能力的现代化”，我们国家目前的情况与这个目标尚有距离，婉转又明白地告诉马仁义，让他“多承担点”。张军检察长阐释了担当的意义和价值，借用北方老话“矫情的孩子多吃奶”，受这种民间文化的影响，非要较这个真儿，值不值呢？然后用建设性语言启发、劝说马仁义“格局更大一些、站位更高一些、眼光更远一点”，把坏事变成好事。

> 29. 张军：……处理这个案件如果姿态高一些，看到这不仅仅是个处罚、不仅仅是一笔钱，是让企业发展更稳一些、走得更远一些，又是一种境界，从这个意义上来讲您就是值了，获得了更好的经商环境。人们会觉得马总这个人对案件、对员工足够宽厚，如果人们都像您这样做会更好，能进一步促进我们民营企业的发展，我们国家的治理体系和治理能力现代化就会往前推进不少。

谁执法，谁普法。张军检察长讲法理、谈情理，既称赞马仁义的觉悟到了 2035 年的水平，又现实地告诉他，目前我国的法治进程尚未达到理想的目标。马仁义多担当点，企业进入一种境界，人人都如此，国家的治理体系和治理能力现代化就会往前推进不少。

> 30. 张军：……第三，行政部门处理这个案件至少在形式上、表面上让你们感到不公正，这与执法能力不足有关。如果他们处理时给您讲一讲为什么，讲一下决定处罚的更充分理由，可能就不会有后来这些事。我想这就是习近平总书记一再警醒我们的能力不足的危险，这是现实的。……我们的检察建议不仅让行政机关认识到自己的不足，同时从这个意义上也肯定你们的申诉是有一定理由的，这几年的申诉不是完全无理的。

张军检察长没有放过“执法能力不足”的问题，使用批判性语言指出行政机关的执法瑕疵，再一次击中了马仁义的心结。

> 31. 张军：……我就遇见过一个大城市司法机关的领导对上访的人说：“你上北京去告吧！”极不负责任。最后这个人因为受贿被定罪判刑。所以我说要汲取教训，这个叫做天惩，这个天就是老百姓。

对极不负责任的司法机关工作人员对待上访人员的执法态度，张军检察长“放狠话”，警告这样的人会受到天惩，这个天惩就是老百姓的惩罚，这折射着张军检察长为民执法、为民撑腰、公正执法的法律精神。

张军检察长的接访没有只针对马仁义，还顾及了一路陪同马仁义做企业、处理事故，以及诉讼和上访的李彦杰。张军检察长了解了主要情况后，简单问了一句“您是马总的助理?”“您”所代表的尊重及于每一名来访者。从李彦杰的言语中，能看出他是马仁义的心腹，也是企业的核心人物，对行政处罚不满的情绪甚至比马仁义还要强烈。张军检察长在鼓励马仁义“格局更大一些、站位更高一些、眼光更远一些”的同时，还兼顾软化李彦杰的态度，“没有同情心干不好企业，您的助理也不会这么死心塌地地跟着您”，看似不经意地提及，却同时鼓励和肯定了李彦杰对企业、对马仁义的忠诚，以此确保李彦杰和马仁义站在同样的立场上，真正令人心服口服。

国家治理体系和治理能力现代化是中国共产党的一项主要目标任务。习近平总书记指出：“国家治理体系和治理能力是一个国家的制度和制度执行能力的集中体现，两者相辅相成。”① 我们在国家治理体系和治理能力方面还有许多亟待改进的地方，在提高国家治理能力上需要下更大气力。党的十八大以来，党中央对全面依法治国的法学人才培养提出了更高的要求。建设法治国家、法治政府、法治社会，实现国家治理体系和治理能力的现代化，需要一支高素质的立法、执法、司法工作队伍，法律人应当提高自己的法律语言表达能力。由此可以说，法律语言既是法律的载体，也是法律人的权利所在；法律语言不仅是法律人办案的工具，更是法律人法治思维和法律权利的体现。法律人的法治思维始终以法律为依据，法律人应从法律文本开始思考，用法律的思维、法律的方法和法律的语言公正司法。在法律运行实施的全过程中，法律人的法治思维又流向法律文本。可以说，法律、语言、法律人，是一脉相承的融合体。

综观全篇，张军检察长接访实录的鲜活语言，展现了融合说法理、谈情理、讲道理的司法语言的修辞能力，法律人的话语力量“跃然纸上”。这个接访实录是治理社会、推进司法现代化的范例，它引导我们走向执法为民、执法公平正义的丛林，为习近平总书记提出的“加快构建中国特色

① 《习近平谈治国理政》，外文出版社，2014 ，第 105 页。

哲学社会科学”[①] 的话语体系贡献了力量，为推进国家治理体系和治理能力现代化提供了教科书式的样本。

四 自信

要用好法律语言，有了情怀、有了能力，才能有语言的自信。这个自信就体现在：能判断谈话对象是个什么样的人，他的语言环境什么样，然后决定使用什么样的语言。有了自信，再去驾驭语言，形成的气场就大不一样。有自信，有气场，你才能够去感染人，让当事人觉得你说的都是真的。

这个观点，从语言学的视角来分析，就是言语交际时，要充分把握交际对象的语境因素：外显性语境因素，包括时间、地点、人物、事件、时代、背景等；内隐性语境因素，包括人物性格、心理、思维方式等。张军检察长讲法理、谈情理，所形成的气场都针对这些语境因素，感染着马仁义，使他心服口服。

22. 张军：好。总体听清楚了。你们也知道了，我这是刚从北京过来，来了解下咱们检察机关的工作情况。这个案子也是刚刚了解。为什么不在北京接访？这就是我们信访工作的要求，努力做到把法律送上门，努力给你们申诉人送上门口的公平。解决好企业的烦心事和揪心事，是习近平总书记的指示和要求。我刚才整体听下来，觉得您作为企业的老总，是相当称职的，很有格局，和我们以往接待的有的当事人家属或受害人只看重自己或者不是很客观地把事情描述出来不同，我觉得您确实让我内心很生敬意。所以您的企业发展得也很顺畅，特别是对程某作为自己的员工考虑周到，员工出事后尽心处理好善后事宜，没有让这件事成为社会问题。你们尽到了企业对员工的责任，也尽到了企业的社会责任。你们做得确实还是很不错的，你们做到了。

23. 张军：您有很强的责任感，这是您给我的深刻印象；第二，

① 习近平：《在哲学社会科学工作座谈会上的讲话》，人民出版社，2016，第15页。

> 就这个案子来讲，这是一个综合责任案件，是一个悲剧。从整体来看，发生这次事故，你们公司被处罚了，分包方负责人也被处罚了，监理方也被处罚了，整体上还是比较平衡的，从这个意义上讲是个综合责任的事故。行政处罚后你们起诉到法院，法院经过一审、二审以及高级法院再审的审理都维持了，而且法院审理是指定管辖，原本由××区法院审理的案子指定到另一个区法院审理，也是法院为了防止行政机关可能的影响，从程序上还是公正的。可在实体上你们还是认为不公正。但是你们的申诉法院又维持了，没有改动终审的裁判。按照法律规定您到检察机关申诉这都是合法的，是符合程序的，我们分院受理，分管检察长直接负责办理，也体现了高度重视。

张军检察长从讲法到肯定马仁义作为企业老总称职，尽到了对员工的责任、对社会的责任，有很强的责任感，然后转入马仁义信访申诉的这个案子，“从程序上还是公正的。可在实体上你们还是认为不公正”。张军检察长讲法、讲理，他强调习近平总书记要求保护民营企业，在这个大背景下，马仁义的案子已经受到重视，接下来张军检察长阐述了检察院继续办理的三种可能结果，以及对检察院处理结果不满意的救济措施。张军检察长基于法律解释，以原则裁判、利益衡量、后果权衡等法律方法将核心价值观融入接访过程，把马仁义没想到的案件办理可能出现的种种情况都说到了。法律是通过语言被当事人感知的。无论是身体语言还是口头语言，张军检察长都表现出满满的自信。

张军检察长以自身扎实的专业基础、丰富的实践经验、崇高的法律精神，把“法律恰恰就是语言本身”展现得生动感人，提升了司法的话语力量和软实力，把“脚踏大地、以民为天”的司法典范写在了祖国大地上，他是一位让人敬佩、满意的检察官！习近平总书记强调，“要坚持以人民为中心的发展思想，切实解决好群众的操心事、烦心事、揪心事”①，张军检察长作出了表率。

① 《习近平：切实解决好群众的操心事、烦心事、揪心事》，中国共产党网，https://www.12371.cn/2020/06/10/ARTI1591788708655794.shtml，最后访问日期：2022年6月10日。

五 结语

法律语言学研究的对象，包括静态的本体语言和动态的口头语言及身体语言。就司法语言而言，笔录及各类的法律文书都属于静态的本体语言。

《最高检检察长接访记》一文，以笔录的形式发表。检察长在接访的司法语境下运用法律语言的艺术，使我感悟颇多，令我思考：法律语言长在法律的森林，扎根于法律的沃土，在法学范围内，怎样多维度研究法律语言；法律思维的法律语言指向到底在哪里；生活语言和法律语言如何关联；法律语言学学科体系如何构建；等等。答案应该就在司法实践的法律人群中。法律、语言、法律人是一脉相承的整体。静水深流，为了探究如何从语言层面深挖下去，从张军检察长的法律语言观里提炼出富有新意的关于研究、建设法律语言学学科体系的理论和方法，我给自己出了这个题目，也对笔录中的语段试做分析，但总是做不好，抛砖引玉，我把张军检察长的法律语言观借本文推荐给读者，渴望引出法律同仁的真知灼见。

司法者应该把法律语言作为必修课

北京市人民检察院　方　工

摘　要：法治思维离不开法律语言。现代法律语言蕴含法治内容，因此也是法治语言，它既是工具，也是资源，可以为提升法治思维能力服务。司法者学习法律语言是公正司法的要务，应将法律语言作为必修课，持之以恒地学习。

关键词：法治思维；法律语言；工具作用；资源作用

一　司法者应有法治思维

全面依法治国是治理国家的基本方略，实施这一方略需要坚持运用法治思维。司法活动是依法治国维护法治权威的关键环节，既是社会正义的最后防线，也是捍卫法治的直接活动，至关重要。因此，司法活动最需要法治思维。

所谓法治思维，是指思维主体将法治的要求和原则运用于认识、分析、判断、处理问题的思维方式。其实质是维护宪法和法律的权威，严格依法履职，切实尊重和保障人权，始终坚持法律面前人人平等，自觉接受法律监督。

运用法治思维开展司法活动，保证法律准确实施，是司法职业区别于其他职业的重要特征。符合这个特征、具备必备能力的人才能胜任司法工作。

这方面，西方法学史上有一个经典案例。[①] 17 世纪初英格兰国王詹姆士一世突然想当一次法官，他把想法告诉了大法官爱德华·柯克爵士。柯克大法官回答说："很抱歉，陛下，我无法满足您的要求，审案是法官们的事，您虽贵为国王，可您不能当法官。"

詹姆士一世不满意，说他凭借上帝赐予自己的智慧足以统治整个不列颠王国，难道连几个小案子也审不好？柯克大法官对此给出了在历史上很著名的回答。他说："上帝的确赋予陛下极其丰富的智慧和无与伦比的天赋，这是我国人民的福分。但是，英国法律作为一门系统的科学，有着几百年的发展历史，有着自己独特的语言系统和价值体系。法律是一门艺术，只有自然理性是无法真正理解并掌握它的，一个人在成为一名合格的法官前，必须经过专门的法律训练和长期的司法实践，才能获得对它的认知。法官要审理的案件动辄涉及臣民的生命财产和自由，一个人在未经过系统训练之前是不宜行使审判权的。"

当年柯克的回答道出了一个常识，而这个常识直到今天仍被坚守。这个常识就是，并非任何人都可以成为司法者，即使是杰出政治家，是道德楷模，是才智出众者，也不必然可以进行司法实践。司法职业，需要从业者具备特定的职业才能，其中重要的是专业认知，这就包括法治思维。

当前，司法者身处法治建设前线，直接承担着维护宪法和法律权威，维护社会公平正义的神圣使命。所以，法治思维既是司法者正确行使职权、公正司法的主观要件，也是司法者必须具备的思维模式。能够自觉坚持法治思维，才有可能具备文明、理性、守法、智慧的品格，实施维护法治权威和法律公正的行为。如果司法者弱化或放弃法治思维，而以其他思维，例如政治、道德、经济、艺术等思维指导司法活动，处理法律问题，就不可能达到正确适用法律、实现司法公正的目标。为适应社会和民众有关权益的要求，司法者必须先于全社会践行这一理念，矢志不渝地坚持法治思维，努力提高法治思维水平。

---

① 黄鸣鹤：《法庭的故事》，中国法制出版社，2016。

二 法治思维离不开法律语言

法治思维是具有深刻性、综合性和复杂性的科学思维，由多方面的知识、能力复合组成，其中法律语言占据极其重要的地位，法治思维和法律语言这二者不可分割。这是因为，人类已经形成了借助语言的工具进行思考的生理特点和思维模式，成熟的思维不能离开丰富的语言，思维依赖语言这种客观关系决定了法治思维离不开法律语言。正如我国语言学家高名凯所说，语言和思维是存在于“语言-思维”这个统一体内的两个对立面，它们之间既不可分割地统一在一起，又各不相同，二者紧密联系。①

那么，什么是法律语言？笔者认为，法律语言有着鲜明的时代性，旧时人治时代使用的法律语言与当代法治社会使用的法律语言，特征和内涵截然不同，二者不是一个性质。当代法治社会的法律语言，是指在法治社会建设中，立法、释法、司法、社会治理以及公民维护合法权益等活动中所运用的有关法律的专门语言。

现在，法律语言成为世界性专业学科的研究对象已有多年，我国为数众多的语言学者和法律人，孜孜不倦地做着研究。他们运用法治思维，结合司法实践，不断为法律语言注入丰富的思想内涵，使它向着科学规范、丰富完善的方向发展。法律语言成为一门学科研究对象的这个事实，充分说明了法律语言的重要性、复杂性和丰富性。现在，法律语言绝非简单的字、词及专业术语等文字符号的拼接，而是蕴含法律精神、法治理念、法理观点的书面与口头语言体系。这个体系越科学规范，越丰富完善，越能体现法治思维，适应和满足客观需要。因此也可以说，当代的法律语言就是法治语言。那些违背法治、损害法治、否定法治的语言，即使包含着属于法律范畴的术语或言辞，也不是具有正面意义的法律语言。

法律语言的面貌并非表现为字典式的分散形态，而是彰显于教材式的完整体系，它鲜活的生命力在于，其具有实践工具和思想资源的双重

① 转引自张涛《浅析思维与语言的关系》，《考试周刊》2012 年第 69 期。

定位。

法律语言作为实践工具的作用在于，“法律活动的不同阶段主要是通过语言来实现的，法律口语和法律书面语的产生都是为了规范社会行为，语言则是法律各个不同阶段的媒介、过程和产品”。或者说，“法律语言是表现法律的工具，法律语言的意义在人与人之间的社会互动过程中得以实现”①。

法律语言作为思想资源的作用在于，以其所蕴含的法治理念、观点及法律真意为全社会强化法治精神，使全社会学习、理解和运用法律，选择合法行为提供服务。学习、运用法律语言的过程，也是头脑接受和强化法治理念的过程，只有经过这个过程，法治思维才能产生。

具体到司法实践层面，维护司法公正，离不开司法者运用法治思维，但是如果头脑中没有法律语言的知识，就不可能准确运用法治思维，其后果又会通过法律语言误用、乱用表现出来，这会导致司法错误和司法不公。在司法实践中，这种现象确实客观存在。中国政法大学法学院王洁教授对此总结道：“每个冤假错案，都有不规范的语言运行；每一个公平公正处理的案件，都有规范、智慧的语言运行。一位优秀的法律人，一定是善于使用语言的智者，在他们身上彰显着与体现法律精神有关的元素和法律语言符号。”②

法律语言对司法者而言，既有促进司法者与当事人及公众交流、沟通、互动，实现定分止争、维护公民权益和社会秩序等司法目标的功能，也时刻发挥着助力司法者坚持和强化法治思维，提高文明司法、公正司法能力的教化作用。正如王洁教授所阐述：“法律语言既是法律的载体，法律人的办案工具，也是法律人权力的存在，更是法律人法治思维和法律权威的体现，所以语言本身就是思想，就是存在。”③

总而言之，法治思维与法律语言之间是一种互动关系，全面深刻的法治思维可以保证准确运用法律语言，准确运用法律语言又能有效提高法治思维水平。二者在有机联系中互相影响、互相促进，相辅相成、共同发

---

① 杜金榜主编《法律语言研究新进展》，对外经济贸易大学出版社，2010，第 29 页。

② 苗生明、王洁编著《检察机关刑事起诉书制作要义》，中国检察出版社，2017，“前言”。

③ 苗生明、王洁编著《检察机关刑事起诉书制作要义》，中国检察出版社，2017，“前言”。

展，形成相得益彰的良性循环。这样的良性循环，是实现法治进步、社会公平和司法公正的有利条件。

三 学习法律语言是司法者的义务

既然法律语言对法治思维有不可或缺的重要作用，那么司法者就应格外重视学习和掌握法律语言。

学习法律语言是一项艰巨的任务。这是因为，我国有着漫长的皇权专制历史，形成了人治的政治和文化传统。封建社会里，权力至上，人分尊卑等级，民众没有权利，妇女备受歧视，治理是以礼代法、严刑峻法，诉讼是长官意志、司法专断，刑罚多血腥肉刑和残酷连坐，与此相应，在法律规则、司法活动中的语言也充斥着陈腐的人治意识。今天，人治的文化、思维和语言，还有着顽固的社会和思想基础，阻碍了国家法治进步。司法者面对这样的现实，在学习中需要格外努力，以抵制人治思维和语言的干扰。

同时，应该认识到，法律语言无可替代，即使是对使用范围广泛、内容严肃的政治语言的学习也不能代替对法律语言的学习。固然，司法活动具有高度的政治属性，司法者坚持政治学习、提高政治觉悟的努力必不可少，绝不能搞去政治化。但是，政治固然重要，司法活动与政治活动毕竟不能画等号，二者有着各自不同的特点和规律。如果只讲政治，违背司法规律，必然造成司法不当、不公，这不仅会使法律权威受到损害，也会给政治目标带来不利后果。认为只要能满足政治需要，就可以不顾法治原则的思维，不具有正当性，不仅理论上不能成立，而且实践上极为有害，会给人治提供乘虚而入的机会。所以司法者在具体司法实践中，必须直接学习和运用专门法律语言，善于把政治需要纳入法治思维范畴，保证二者统一于准确适用法律的司法公正实践中。

学习法律语言，不是司法者可以任由兴趣左右的个人爱好。身为现代法治的建设者和捍卫者，司法者有责任有义务进行学习，增强对法律语言的重视和敬畏意识，认识到“学习法律的第一要务是学习法律语言，以及与之相符的、使得该语言知识能够在法律实践中得到应用的语言技能"[1]。增强学习自觉性，把学习法律语言作为业务必修课。这个课程的学习，没有捷径，不能一蹴而就，司法者必须坚持不懈地进行艰苦学习和实践。

司法者只要明确法律语言的重要性，认真学习、实践，增强运用法律语言的能力，司法公正就一定会得到更可靠的保障，法治建设就一定能够得到有力的加强。

① 〔美〕吉本斯:《法律语言学导论》，程朝阳、毛凤凡、秦明译，法律出版社，2007。

侦查讯问中的重复现象再探析*

中国政法大学人文学院/法律语言研究中心　张　彦

摘　要： 侦查讯问中存在不少讯问人员让嫌疑人重复的现象。重复可以达到让嫌疑人澄清问题、提醒嫌疑人注意以加强控制、让嫌疑人明确认识深化理解的目的。为了让嫌疑人重复某话语以达到某种目的，可以使用不同句式。常用句式有疑问句里的特指问句、正反问句、“啊?”问句和回声问句，有祈使句，还有表示评价的陈述句。这些句式形式不同，所实现的功能虽然相似但也有细微区别。具体功能需要结合语境具体分析。

关键词： 讯问；重复；语言策略；语言形式

重复是指会话过程中说话人对自己说过的话语进行重复，或者对对方说过的话语进行重复。它是会话中普遍存在的语言现象，是自发产生的，具有多种交际功能。① 根据不同标准可以对重复作出不同的分类，比如可以根据重复的内容是否完整分为部分重复和完全重复，可以根据是否绝对复述原话分为形式重复和意义重复，可以根据是否在同一话轮里重复分为同话轮重复和异话轮重复，可以根据重复的对象分为对己重复和对他重复，等等。对于这些重复及其形式特征和表达功能，已有不少关注。但是，人们关注的多是说话者主动使用的重复现象，现实中有一种现象还没有引起人们足够的注意，那就是说话者有意识让听话者重复某些刚才已经

---

* 本文为教育部人文社会科学研究一般项目“公安机关讯问笔录的语言规范研究”（项目编号：15YJCZH226）的中期成果。

① Deborah Tannen, “Repetition in Conversation: Toward a Poetics of Talk,” *Language* 1987 (63).

说过的话语的现象。这里也有重复，不过是听话者被动使用的重复，与人们普遍关注到的说话者主动使用的重复在功能上有所不同。这种现象在侦查讯问中比较多见，主要是讯问人员让犯罪嫌疑人（以下简称“嫌疑人”）重复。很多讯问人员有意无意地使用这种方法。说“有意”，是因为讯问人员是有目的地发问让嫌疑人重复；说“无意”，是因为讯问人员并没有明确地意识到这是一种方法，甚至可以将之视为一种语言策略，认识还只是停留在经验阶段，这就不便于优秀讯问经验的推广。本文就以侦查讯问录像转写的语言材料为对象，考察其中讯问人员让嫌疑人重复的语言现象，主要考察讯问人员让嫌疑人重复所使用的语言形式，以及在讯问过程中让嫌疑人重复所产生的功能。研究的语料是一次完整的讯问录像的书面转写材料，将近两万字。

一　让嫌疑人澄清问题

讯问中，嫌疑人因为自身表达能力有限而对有些问题表述不清，或者因为胆怯而说话声音小、吐字不清，有时候会支支吾吾、不知所云。也有些嫌疑人出于一定的逃避罪责的心理，有意模糊回应某些问题，答非所问。这些情况都会让讯问人员很难捕捉到确切信息，讯问人员就需要通过一定的语言指令，让其重复一遍。常用的指令从语言形式上来说，主要有特指问句、“啊?”问句和祈使句。

（一）用特指问句让嫌疑人重复

特指问句是以疑问代词（如“什么”等）或由它组成的短语（如“为什么”“做什么”等）来表明疑问点的疑问句，说话者希望对方就疑问点作出答复。讯问人员常用单独的疑问代词“什么”或带有“什么”“哪里”等疑问代词的特指问句来发问。例如：

（1）问：吃什么药平时?

答：丹心滴丸。

<u>问：什么?</u>

答：丹心滴丸。

这个例子里讯问人员没有听清楚嫌疑人回答的药品名称，故用“什么?”让其重复一遍。其实也可以用“什么药?”或“吃什么药?”等特指问句发问，作用是一样的。

（二）用“啊?”问句让嫌疑人重复

吕叔湘认为“a?”是追问之词，表示话没有听清楚，要人家重说一遍，写作“嗄?”。[①] 现在一般都写作“啊?”。讯问人员常常用“啊?”让嫌疑人重复嫌疑人自己的话语。例如：

（2）问：……我这话对不对?
答：对。
<u>问：啊?</u>
答：对。

再如：

（3）问：嗯。这些他们都保障了没有?
答：保障了。
<u>问：啊?</u>
答：保障了。

这两个例子里，讯问人员对嫌疑人第一次的答话表示没有听清，从而用“啊?”问句让其重说一遍，此时，语气通常比较和缓，不会很强。

（三）用祈使句让嫌疑人重复

会话中让对方重复他自己刚说的话最简单直接的方法就是明确要求其

---

① 吕叔湘：《中国文法要略》，商务印书馆，2014，第445页。

“再说一遍”。这用的就是祈使句。祈使句是指要求对方做或不做某事的句子。讯问人员可以使用祈使句的形式明确要求嫌疑人重复一遍嫌疑人自己的话。例如：

(4) 问：那你给我说说什么叫犯罪嫌疑人。
答：就是有证据，你犯罪了。
问：再，再说一遍。
答：就是有证据，证据证明你犯罪了。

讯问人员通常在嫌疑人先前说的话不够明了、意思表达不太清楚的情况下，使用祈使句要求对方重复一遍他自己说过的话。需要重复的话语一般会复杂一些，让嫌疑人重复意在让其重新完整地组织一遍话语，以明确意思，这是与特指问句以及“啊？”问句不同的地方。

讯问过程中的对话是一问一答，所以，有不清楚的问题或不清楚的答话，听话者通常都会通过或发问或祈使的方式让对方重复一遍。这在其他问答类会话中应该也比较常见，但在讯问语境里更常见，原因是，讯问语境下的会话有特殊性，嫌疑人心理有恐惧、紧张以及对抗等因素，会影响讯问双方会话的流畅程度，造成听和说的障碍，所以需要时不时地澄清以促进交流。

二　提醒嫌疑人注意以加强控制

讯问中，常有嫌疑人心不在焉地敷衍答话，或不懂装懂。原因有几种可能：一是嫌疑人态度不端正，不好好配合；二是审讯疲劳，嫌疑人有些懈怠；三是嫌疑人思想临时开小差，注意力不集中。不管是哪一种，都会影响讯问质量。讯问人员常常需要运用一些语言策略来牢牢吸引住嫌疑人的注意力，以加强控制，这样才不至于让自己的话被忽视，让自己陷于被动。适时地让嫌疑人重复刚刚说过的话是一种有效手段。

（一）用特指问句让嫌疑人重复

为了避免嫌疑人敷衍答话，讯问人员可以故意用特指问句让嫌疑人把刚刚已经简略回答过的问题补充完整再回答一遍。这已经不是简单的重复了，严格说，是重新回答一遍。最直接的效果是嫌疑人再次回答时常常会更认真和详细，反映出态度端正了。例如：

(5) 问：你会好好跟我说话不会？
答：能。
问：能什么？
答：能，能，能跟你说话。

该例里，嫌疑人第一次回答“你会好好跟我说话不会?”没有回答完整，只说“能”。此时讯问人员用特指问句“能什么?”提问，让嫌疑人针对特指疑问代词“什么”补充出具体细节重新回答一遍。在这一例里，该特指问句的功能是让嫌疑人更清楚地回答问题，避免敷衍和心不在焉。另外，这种提醒注意、强调信息的问话常常伴有加强的语气和严肃的肢体动作等，所以会产生较强的震慑力。这个例子里，嫌疑人最后连说了三个“能”就显示出震慑的效果了。

（二）用正反问句让嫌疑人重复

正反问句是指由谓语的肯定形式和否定形式并列的格式（“V不V?”的格式）构成的疑问句。如“去不去?”“好不好?”等。讯问中，当嫌疑人作出肯定回答包括作出肯定示意如点头时，讯问人员经常会用正反问句让其再肯定一次。例如：

(6) 问：会用心回答我问题不会？
答：会。
问：会不会？
答：会。

(7) 问：啊，这个事情我想呢，啊，你想快，你想慢，你都不是这个事情的最终决策者。
答：那是的。

问：对不对啊？

答：对。

（8）问：……我，我说的你听清楚了没有？

答：（点头）

问：听清楚了没有？

答：嗯，听清楚了。

有时候会加上其他的语言成分。例如：

（9）问：你到底这会儿听明白没有？

答：听明白了。

问：到底明白没有？

答：明白了。

从客观上说，正反问句可以表示听话人没有听清楚对方的话语，从而发问令其再次明确回答。讯问中，讯问人员会对自己刚刚提出的一个问题用正反问句的方式再次提出来，嫌疑人刚刚已经作出了明确回答，再次提问就是要让嫌疑人重复答话。为什么要让他重复回答呢？我们综观了讯问人员所使用的所有这种手段（这种手段用得非常多，也可能是该讯问人员自己独有的讯问语言特点），发现这种问句一般用于嫌疑人第一次作出了“能”“是”“会”“明白了”等表示肯定的回答之后。在这种情况下，讯问人员再用正反问句发问，嫌疑人必定还会再次肯定回答，让其连续称是（表示肯定），这样就会加强讯问人员的主导地位和气势，有助于树立和维护讯问人员的权威形象。尤其是这种问句通常伴有强烈的语气，所以具有威慑力。考察嫌疑人在这种问话下的回应，我们发现，嫌疑人第二次回答得都比较认真，声音响亮，回答完整。比如“我说的你听清楚了没有？”这个问题，嫌疑人第一次回答是点头，表示肯定，意思是听清楚了，但并没有出声表示。讯问人员用正反问句让其重复回答时，他明确地回答道：“嗯，听清楚了。”不仅有表示肯定义的应答语“嗯”，还有明确的语句“听清楚了”。语音上，嫌疑人第二次回答也总是比第一次响亮。嫌疑人的这种更加认真的态度变化正是讯问人员通过正反问让其重复回答的方法得到的，这是该方法所起到的作用。讯问人员通过这种手段让嫌疑人态度认真起来，让他提高合作意识，可以有利于推进讯问工作的开展。

（三）用回声问句让嫌疑人重复

朱永生曾经关注英语里有一种重复现象，即“以 echo question 的形式要求对方把所讲的话重复一遍”[①]。如：

1. A：The Browns are emigrating.
   B：(They're) emigrating?
2. A：Switch the light off, please.
   B：(Switch) the light (off)?[②]
3. A：Have you borrowed my pen?
   B：(Have I) borrowed your pen?[③]

“这三个例子的共同之处在于每一例中的 B 方都通过重复这一手段要求 A 方把自己的话重复一次。”但朱永生并未对这一现象的功能进行深入研究。

这一现象不光在英语里有，其他语言里都有，汉语也不例外。这种用疑问形式或语气重复对方所说的全部或部分话语，并要求对方重述或证实刚才所说的某些内容，有一个专门的名称，叫“回声问”[④]。

回声问有多种，这里所说的只是其一，这种回声问，形式上通常是是非问句的形式，也就是结构基本上和陈述句相同，只把陈述句的相应语调换成疑问语调。[⑤] 如“张三?”，其回应可以是重述，还可以是“嗯”等表示肯定的答话，这种肯定答话的形式，由于也是再次确认之前的表述，功能上与重述比较相近。所以，本文也将之纳入进来一起考察。回声问在自

① 朱永生：《英语重复现象的多种功能》，《外国语》1988 年第 3 期。

② Leeeh G. N. and Svartivk J., *A Communicative Grammar of English*, Longman, 1975, p. 115.

③ Quirk Randolph, Sidney Greenbaum, Geoffrey Leech and Jan Svartvik, *A Comprehensive Grammar of the English Language*, Cambridge University Press, 1985, p. 836.

④ 陈治安、文旭：《论言语交际中的回声话语》，《解放军外国语学院学报》2001 年第 4 期。

⑤ 朱德熙：《语法讲义》，商务印书馆，1982，第 202 页。

然言语中是很常见的现象，人们通常认为其功能是寻求证实或确认。[①] 在具体的话语中，还有其他功能，如法庭互动言语中除了表示寻求证实或确认，还可以表示质疑、否定，要求修正话语，或提出话题、要求评述、补充话题等功能。[②]

讯问人员有时候也会用回声问，但通常是已经听清了嫌疑人的话，再用回声问，意图就是让其重复一遍自己刚说过的话，这是回声问的一种特殊用法。如下例：

(10) 问：不是，你需要知道吗？你到底判什么、会判多少你需要知道吗？

答：想知道。

问：想知道？

答：嗯，想知道。

该例里，讯问人员问嫌疑人——你到底判什么、会判多少你需要知道吗？嫌疑人回答说："想知道。"然后讯问人员立即重复了他的答话并带上疑问语调作回声问——"想知道？"，要求对方重复刚才的答话。再如：

(11) 答：对。

问：对吧？

答：对。

还有：

(12) 答：对。

问：对吗？

答：对。

---

① Quirk Randolph, "Sidney Greenbaum," in Geoffrey Leech and Jan Svartvik, *A Comprehensive Grammar of the English Language*, Cambridge University Press, 1985.

② 罗桂花、廖美珍：《法庭互动中的回声问研究》，《现代外语》2012 年第 4 期。

讯问人员明明已经听清楚了又要对方重复一遍，讯问中有大量这样的情况，这样做的意图与前面我们说过的用正反问让对方重复答话相似，就是为了让嫌疑人频频作肯定回答。但回声问与正反问又有所不同，正反问是为了让其连连称是，以加强讯问人员的主导地位和气势，有助于树立和维护讯问人员的权威形象；而回声问是为了加强合作效果，营造融洽的气氛，以推进讯问的深入。这种差别在嫌疑人的回应上有所体现，对正反问的回应嫌疑人常常用叠字重复回答，比如“能，能，能”等；而回声问的回应则都没有这样的回答，语气也相对弱得多，甚至只用“嗯”等表示肯定的答话来简单回答。

（四）用“啊?”问句让嫌疑人重复

“啊?”问句属于叹词问句，邢福义认为：“这种问句虽有相对固定的语义，但在特定语境中获得的语用义是比较灵活的。这一点，分析与使用这种问句时不可忽略。”讯问语境中，“啊?”除了表示没听清之外，同时还有其他功能。有时候讯问人员已经听清楚了嫌疑人的表述，但是想提醒他注意这一答话信息；有时候是为了控制嫌疑人不分心不溜号，使其注意配合讯问，讯问人员通过表面上表示听不清的“啊?”问话让嫌疑人重复一遍刚才的答话。而重复是有典型的强调功能的，重复了答话，就强调了答话信息，就起到了注意的作用，另外，“啊?”问句配合较强的语气，可以起到警示对方的作用。这两种“啊?”问句在讯问中作为语言策略经常被使用，通常都要提升语调，加强语气，以增强气势。

“啊?”还有表示出乎意料的意义，常说成强升调[①]，吕叔湘称之为“疑其不实”[②]，意思是怀疑话语的真实性。讯问中，有时候嫌疑人会说一些过分的话，比如提出一些不合理的要求等。此时讯问人员可以用发问的方法如“啊?”让其重复自己的话语，意思是“你再说一遍?”，从而表达出讯问人员“疑其不实”的态度，怀疑他的答话不是真的，转而体现对不合理要求的否定态度。这种问句同时伴有较强烈的语气，并辅助以犀利的

---

① 邢福义主编《现代汉语语法修辞专题》，高等教育出版社，2002，第 50 页。

② 吕叔湘：《中国文法要略》，商务印书馆，2014，第 445 页。

眼神等肢体动作，对嫌疑人有一定的震慑作用。例如：

（13）问：这你需要我帮你解决什么啊？

答：（17s）跟银行说一下怎么办。

问：啊？

答：跟银行说一下怎么办。

问：谁跟银行说怎么办？

答：（11s）银行，到期看得要办手续了吧。

该例里讯问人员提出问题："这你需要我帮你解决什么啊？"嫌疑人回答："跟银行说一下怎么办。"这是一个要求，但讯问人员认为这个要求显然是无理的，不可能帮他去跟银行说怎么办，对他提出这个要求感到意外，所以用"啊？"让嫌疑人重复一遍他的要求，结果嫌疑人还是原样重复了这一要求："跟银行说一下怎么办。"但此时他已经意识到了自己的要求有点过分，讯问人员再次明确地质疑嫌疑人："谁跟银行说怎么办？"尤其强化了"谁"，这时嫌疑人就不敢再正面回应了，迟疑了 11 秒，转移了话题："银行，到期看得要办手续了吧。"由此也可见，用"啊？"问句表达意外和疑惑义时，也常常要跟其他手段联合运用。讯问中，人们常用"啊？"表达出乎意料义以起到震慑作用，嫌疑人在应对的时候往往会出现结巴、迟疑、语气减弱等表现，并常伴有焦虑、哭泣等状态，说明震慑有效。讯问人员也需要具备准确解读嫌疑人话语反应的能力。

虽说"啊？"的功能有不同，但在现实会话中，很多"啊？"问句同时表达多种内涵。例如：

（14）问：你现在还有什么问题需要我帮你解决？

答：帮我解决，我想回家。

问：啊？

答：我想回家。

这里的"啊？"可能是讯问人员没有听清楚，让嫌疑人重复回答，也可兼有表示意料之外、疑其不实的作用，怀疑嫌疑人的答话不是真的，因为“我想回家”这一愿望在当前的形势下，短时间来看是不可能的，所以他的答话是没有道理的。用“啊?”表示质疑，同时传达出一种否定的态度来，配合强烈的语气和相应的肢体动作，可以产生震慑效果。

（五）用祈使句让嫌疑人重复

还可以用祈使句让嫌疑人重复，具体表述不拘一格。如表示让嫌疑人端正态度的“好好说话”，例如：

（15）答：回不了家了。（哭腔）

问：好好说话。

答：回不了家了。（语调加强）

加上说服性语言再发出祈使指令，效果会更好，如“好好说话，别这样带着哭腔，你这个男人，好好说话”。

在讯问中，用祈使句明确让嫌疑人重复一遍可能是因为嫌疑人表达不准确或不清楚，但更多情况是讯问人员需要嫌疑人注意其所重复的话语，该话语通常有特殊意义，提醒其注意以加强刺激，此时讯问人员使用这种祈使句就可以说是一种语言策略了。比如该例里，嫌疑人带着哭腔说自己“回不了家了”。这一答话对此时此景的嫌疑人来说有着很大的刺痛，讯问人员为了让其注意这一答话，强调该答话，让其重复了一遍，并且间接用“好好说话”这一祈使句，果然嫌疑人加强了语调重复回答了一遍。加强语调显示出其情绪的波动，说明强调有效，起到了刺激的作用。

有时候用祈使句明确让嫌疑人重复答话可以同时有两种作用，即让嫌疑人回答得明确些和提醒注意以加强刺激。如前文提到的让嫌疑人重复“就是有证据，证据证明你犯罪了”。在明确答话的同时，其实也在提醒嫌疑人注意——有证据证明你犯罪了！这对他有刺激作用。

（六）一种形式连用或多种形式并用让嫌疑人重复

有时候讯问人员会连续发问，让嫌疑人重复同一答话。连续发问的形式不同，可能是一种形式连用，也可能是多种形式并用。例如：

（16）问：嗯。这些他们都保障了没有？
答：保障了。
问：啊？
答：保障了。
问：能保障你的权利？
答：嗯。
问：啊？
答：嗯。
问：能不能啊？
答：能能能。

该例里讯问人员问嫌疑人："这些（权利）他们（之前的办案人员）都保障了没有？"嫌疑人回答："保障了。"讯问人员又问"啊？"让其重复答话，当嫌疑人重复答话说"保障了"之后，讯问人员又作回声问："能保障你的权利？"嫌疑人作出肯定回答："嗯。"讯问人员又一次问："啊？"嫌疑人又一次肯定回答："嗯。"讯问人员作正反问："能不能啊？"嫌疑人忙回应："能能能。"计算下来，讯问人员一共四次让嫌疑人重复回答，使用了"啊？"问句、回声问句和正反问句，最终嫌疑人忙作出了连续三个"能"的回应。陈松岑认为说话者或听话者在说到、听到某种语言时，在情绪、感情上的感受和反应是一种语言态度，是感情方面的语言态度，"它常常是十分自然甚至是不自觉地、下意识地出现的"[①]。张治认为，同形语义重复（TXR）的重叠形式带有明显的情绪倾向，可表示欣然类情绪。[②] 这里嫌疑人回答的三个重复的"能"，不仅表示出他同意前面说的审讯人员能保障他的权利，而且还表示出他回答时的情绪是"欣然"的，态度是积极的。

---

① 陈松岑：《新加坡华人的语言态度及其对语言能力和语言使用的影响》，《语言教学与研究》1999 年第 1 期。

② 张治：《汉语同意应答语的情绪倾向》，《海外华文教育》2016 年第 6 期。

讯问中，有时候嫌疑人会不经意或被讯问人员引导说出一些仔细品来让自己都很震撼的话来，如“回不了家了”。为了让嫌疑人充分去回味这些话以达到刺激嫌疑人的目的，讯问人员可以使用让其重复该话语的方法。如果连续让其重复，则会加强这种刺激。例如：

(17) 问：我问你，你怎么回答我。已经有证据证明你犯罪了，你怎么回家，怎么样才能回家？

答：(摇头)

问：啊？

答：回不了家了。(哭腔)

问：好好说话。

答：回不了家了。(语调加强)

问：好好说话，别这样带着哭腔，你这个男人，好好说话。

答：也没有家了。

该例里，对讯问人员提出的问题——“我问你，你怎么回答我。已经有证据证明你犯罪了，你怎么回家，怎么样才能回家?”嫌疑人摇头回答，讯问人员用“啊?”问句让其清楚地重复回答一遍，配合较强的语气，有催促义，有警示作用，产生了震慑力，所以嫌疑人带着哭腔回答“回不了家了”。带着哭腔表明“回不了家了”对嫌疑人有很大的心理触痛，讯问人员抓住这一要点，紧接着用“好好说话”让其再次重复，嫌疑人加强了语调重复了一遍，这个语调变化，再一次说明此次重复又对他产生了冲击。之后，讯问人员用了两个“好好说话”又一次让他重复，并且同时加上了“别这样带着哭腔，你这个男人”进一步去刺激他，警示他作为一个男人不要哭哭啼啼不敢说话，至此，嫌疑人省略了“回不了家了”这个重复的答话，直接进一步回答“也没有家了”。嫌疑人能够进一步将自己的困窘境地说出来，说明讯问人员的反复刺激是有效而且有力度的。讯问人员与嫌疑人的这一组问答中，讯问人员组合运用了“啊?”问句、两个祈使句“好好说话”和“好好说话，别这样带着哭腔，你这个男人，好好说话”，取得了很好的效果。

此次讯问中，这种手段使用频率比较高，很有可能是该讯问人员习惯使用的一种特殊讯问方式，而且往往可以让嫌疑人在一连串的重复回答后认真下来，效果还是明显的，在讯问中可以作为一种讯问策略推广。一次次让嫌疑人作出肯定回答，可以实现一步步控制嫌疑人的目的，有利于说服对方以攻破其心理防线，最终得到有效供述。

三 让嫌疑人明确认识深化理解

讯问的过程中，往往涉及说服教育，比如法律法规、法律理念等。要跟嫌疑人说清楚，并深入其心，这样才能有利于指导行动，有利于获得其口供。但说服教育必须注意方法，否则达不到理想的效果，徒劳无功。

目前讯问人员的语言表达方式常常不能收到理想的说服效果，一个非常重要的原因就在于与嫌疑人互动不够充分。对于苦口婆心地讲道理，常常嫌疑人简单回答了“明白了”，讯问人员就停止追问了。但事实上，嫌疑人回答“明白了”，通常有两种可能性：一是真的听懂了讯问人员所讲的道理；二是根本没有认真听或者不愿听，对讯问人员的回答，只是虚伪地敷衍。无论是哪一种情形，嫌疑人都最多是明白了道理，而没有弄清这种道理与自己处理问题的方式之间有何种联系，或者不愿意用这种道理来指导自己处理问题。这就需要强化说服，其中一种有效的方法就是时不时地让嫌疑人对关键的话语进行重复。

（一）用表示评价的陈述句让嫌疑人重复

讯问人员可以用表示评价的陈述句来让嫌疑人重复他自己刚说的话，这种陈述句表面上是客观的评价，实际上是要激起对方的反应，间接地让他自己主动去重复。这种方法常常用于让嫌疑人重复一些前面刚刚讲过的法律条规或政策等内容。例如：

（18）问：我就问你，你知道不知道，你自己知道不知道你有什么权利？

答：……（一项权利）

问：啊，还有什么？

答：……（几项权利）

问：都有什么记住了没有？

答：记住了。

问：你记住了你给我说不上来。

答：那不是……？

该例里，嫌疑人回答了自己有哪些权利，为了让他重复一次，讯问人员先是问了："都有什么记住了没有？"嫌疑人回答："记住了。"然后讯问人员使用表示评价的陈述句："你记住了你给我说不上来。"这是故意用反话来激将嫌疑人，目的还是让他复述一遍自己有什么权利。这种方法比起祈使句来，委婉一些，却有明显的刺激效果，更易使嫌疑人开口。

（二）用祈使句让嫌疑人重复

讯问人员可以用祈使句形式让嫌疑人重复讯问人员刚说的话。例如：

（19）问：你明白我说的意思吗？

答：明白啦。

问：你说说我说的是什么意思。

答：……

讯问人员在前面说了大段的话语之后问嫌疑人是否听明白了，嫌疑人回答说："明白啦。"至此还不能结束，因为不能确定嫌疑人是真的明白了，还是在敷衍，所以讯问人员接着用祈使句的形式让嫌疑人重复一遍听到的话语，当然这里的重复并不要求原文重复，而是把意思复述出来即可。通过这种方式的进一步互动，可以检验嫌疑人是否真的明白了，如果没有明白或者理解有偏差等，讯问人员可以接着说明。这种方式有利于促进嫌疑人从思想深处接受讯问人员的理念传递，消化吸收转而指导自己去处理问题。

为了让嫌疑人重复，讯问人员可以采用多种祈使句，形式是多样的。

再如：

（20）问：因为我清清楚楚地知道你没说清楚。你在给我撒谎。你在不好好跟我说话。但是，我给了你一个前提，你不管你说清楚没说清楚我都不会问，就这你也给我撒谎。（7s）不管原来的你说清楚没说清楚，我都不会问。这话，这句话听清楚了没有？听清楚没有？听清了没有？

答：听清了。

问：听清啥给我说一下。

答：听清了。不问。

这个例子里用的是："听清啥给我说一下。"这种方法多用于说教，给嫌疑人讲道理。话语通常比较长，或者难理解，让嫌疑人重复一次，可以检验出他是否用心在听以及是否听懂了。

无论是陈述句还是祈使句，通过这些话语形式的运用，讯问人员让嫌疑人重复刚说的话，都可以让不懂装懂或理解不准确、不到位、不充分的嫌疑人暴露出理解的问题，从而有助于讯问人员及时矫正或强化。在理念传递的过程中，让嫌疑人复述一定的理念，可以强化该理念，有助于促进其从内心去吸收去接受，从而有助于指导其供述行动。

四　结语

讯问中，讯问人员可以运用多种句式让嫌疑人重复自己或讯问人员刚说过的话。要实现相似目的，可以用多种不同的句式。为了让嫌疑人澄清问题，要让其重复答话，可以用特指问句、"啊？"问句和祈使句；为了提醒嫌疑人注意以加强控制，要让其重复答话，可以使用含有疑问代词的特指问句，也可以使用正反问句、回声问句、"啊"问句以及祈使句，还可以一种形式连用或多种形式并用来加强效果；为了让嫌疑人明确认识深化理解，要让其重复答话，可以用表示评价的陈述句和祈使句。虽然为了达到同类目的可以使用不同句式，但这些句式在让嫌疑人重复话语方面的功能总还是有区别的。每种句式具体实现了何种功能，需要结合具体语境具体分析。并且这些句式通常都要与特定的句调以及肢体动作相配合来共同发挥某种效果，实现某种功能。使用这些句式让嫌疑人重复，这一手段在讯问中多有特殊功能，可以作为讯问语言策略运用。讯问人员需要紧密结合讯问中嫌疑人的情况来灵活运用这些句式，不仅要会用，而且需要有理性认识、系统认识，这样才能够将其作为策略来推广。

《文明判集》残卷中的人文情怀*

西北政法大学　刘愫贞

摘　要： 敦煌吐鲁番出土的《文明判集》残卷的判词中，体现出了可贵的人文情怀——呵护妇女人性、尊重妇女人格的人文精神，与明清时代判词中的妇女观对比，显得格外可贵。造成它们如此不同的原因是多方面的，而司法官个人的人文修养孕育出的人文情怀，最为重要。

关键词：《文明判集》；婚姻；人文情怀

《文明判集》残卷（以下简称《文明判》），是唐代重要的判词史料，也是中国古代判词史上的一颗奇葩。它多方面反映了唐代社会生活，且对司法实践中的判词制作工作具有深刻的影响，因为这些判词“大都具有独到的见解，体现了制判者对封建法律规范所作出的杰出阐发，对封建法律的适用起了积极的推动作用”，“敦煌吐鲁番出土文书判词的价值，主要体现在判词本身。判词中所反映出的司法官在适用法律时阐发的独到见解，足以有力地影响整个国家的司法活动”①。其中反映婚姻家庭的判词，溢满关爱妇女的情怀——对妇女人性的呵护，对她们人格的尊重——在与明代和清代一些判

* 概略地说，“人文情怀”是指人类的一种普遍的、高尚的、善良的、具有高素质文化修养的自我关怀的精神，其核心价值是“以人为本”，表现为对人的尊严、价值、命运的尊重与维护，以及对人的生存、发展和幸福的观照。据《辞源》，“人文”有两个义项，一为礼教文化（《易经·贲》：“观乎人文，以化天下”）；一为“人事”（《后汉书·公孙瓒传》：“舍诸天运，征乎人文”）。本文所论“人文情怀”主要指一种文化、教育、教化，以及通过这种教化所达到的一种自我实现和完善。“情怀”可释义为“心情”（唐杜甫《北征》曰“老夫情怀恶，呕泄卧数日”）。

① 汪世荣：《中国古代判词研究》，中国政法大学出版社，1997，第 53 页。

词的比较中显得格外可贵，对当今司法官员亦有一定的启示作用。

《文明判》虽是骈体判词，但并不是严格意义上的骈体文，它只是借用了骈体文的一些手法，融情、理、法于平和的语言表述之中，真正做到了以情动人、以理服人，从而达到了以法慑人的目的。我们以《黄门诞男判》为例，加以论说。

判词如下：

阿毛宦者之妻，久积摽梅之叹。春情易感，水情难留，眷彼芳年，能无怨旷？夜闻琴调，思托志于相如；朝望垝垣，遂留心于宋玉。因兹结念，夫复何疑？况玉住在西邻，连甍接栋，水火交贸，盖其是常；日久月深，自堪稠密。贤乃家风浅薄，本阙防闲，恣彼往来，素无闺禁。玉有悦毛之志，毛怀许玉之心。彼此既自相贪，偶合谁其限约？所叹虽言未合，当是惧此风声。妇人唯恶奸名，公府岂疑披露？未奸之语，实此之由。相许之言，足堪明白。

贤既为宦官者，理绝阴阳。妻诞一男，明非己胤。设令酷似，似亦何妨？今若相似者例许为儿，不似者即同行路，便恐家家有父，人人是男。诉父竞儿，此喧何已？

宋玉承奸是实，毛亦奸状分明，奸罪并从赦原，生子理须归父。儿还宋玉，妇付缪贤。毛、宋往来，即宜断绝。

这是一道关于婚姻关系的判词，“涉及‘宦官娶妻’的问题，‘犯奸’的问题，‘亲子认定’的问题，其中最后一个问题是本案的焦点”①。判词“不仅反映了唐代黄门之人娶妻成家的社会现实，而且反映了唐代在亲子认定中的法律观，很有意义”②。

这道判词是根据这样的事实制作的：宦官缪贤娶毛君之女为妻，婚后三年，毛氏生下一个男孩；过了五年适逢大赦，毛氏邻居名叫宋玉，言说那男孩乃自己之子并认其是自己与阿毛私通所生；阿毛只承认曾“相许”

① 刘愫贞：《判词语体论》，巴蜀书社，2009，第 177 页。

② 汪世荣：《中国古代判词研究》，中国政法大学出版社，1997，第 47 页。

于宋玉，但不承认有奸情；“验儿酷似缪贤，论妇状似奸宋玉”，即查验男孩，长相好像与宦官缪贤相似，观察阿毛情状，似确有奸情。

《文明判》中的司法官，对这个不守妇道的女子，没有祭起“贞节”“烈女”的礼教大旗，训斥责骂，而是回归事件本身，就事论事。

这道判词言语最为形象之处，在于对阿毛的评说，先叙其嫁于宦者为妻，心有不甘，引《诗经·召南·摽有梅》作比起兴，阿毛如同成熟掉落的梅子，早该婚嫁育儿了，可是却嫁了个宦官。她深感自己青春白白流逝，这使她的思婚之意更为强烈；接着作者使用了四个四字句，表明作为青年女子，毛氏在芳华之年，却心愿难遂，有“怨旷”之心，无可厚非，这形象地描写出了作为宦者之妻的阿毛的心态以及司法官的理解之情。既然情感寂寞，于是阿毛就有了“思托志于相如”“遂留心于宋玉”行为。判词以汉代卓文君闻司马相如琴声，而随其夜奔的故事作比，贴切而委婉地暗示了阿毛其后的作为。然后判词以“玉有悦毛之志，毛怀许玉之心”两个对句，明确地告诉人们毛宋之染，理足事真，无可置疑。可，司法官并没有恶声斥责，揭示真相，反倒设身处地为妇人着想，很好地维护了悖礼教、不守妇道的阿毛的脸面，他说：“所叹[①]虽言未合，当是惧此风声。妇人唯恶奸名，公府岂疑披露？”是啊，官府何必怀疑她说的“相许”之言呢？平和的语气，巧妙的言辞，阿毛的人格尊严得到了相当的尊重。“悦毛”“许玉”既不直白生硬又生动准确，把宋毛两人之间的关系提升到了情感的层面，不俗不俚，颇具隐喻之妙。接着判词又用一个“况”递进语义，从客观因素上为阿毛行为作进一步解释说明：一是，阿毛与宋玉为隔壁邻居，房屋紧连，两家的日常生活用品也互通有无，两人的接触便日益密切，而日久生情便是很自然的、可以理解的了；二是，缪贤身为宦官，“理绝阴阳”又“家风浅薄”，放纵阿毛“素无闺禁”，反而“恣彼往来”，纵容毛宋的不正常往来，以致造成败坏家风之事。司法官的这两层意思，均是为说明阿毛的出轨行为还与居住环境和丈夫的放纵等客观因素有直接关系，显然同情的砝码依旧在阿毛一边。用一个“浅薄”涵盖了缪贤对妻子的骄纵、对礼教

① 这里的“叹”不是感叹之谓，而是指“供”“招”义，详见陈重业《古代判词三百篇》，上海古籍出版社，2009，第10页。

的疏漏、对阿毛行为不加检束之义。一个“恣”字，生动地描画了缪贤对毛宋不轨行为心知肚明却睁一只眼闭一只眼，放任这种不当行为发生的心理情态。其后，判词有力地驳斥了缪贤与阿毛所持“酷似”之说：“设令酷似，似亦何妨？”假如真如当事人所说“酷似”，又能怎样，再像，他也不可能是这个宦官的儿子。司法官虽不认可“酷似”之说，但他为了打消缪贤的妄想，便使用了归谬法进行推论，以谬论“酷似便是吾儿”为论点，必然推导出荒谬的结论：把“相似”者都认作儿子，视“不似”者均为陌路人，就可能出现“家家有父，人人是男”的可笑场面。制判者在此还用了一个“喧”字，描绘了一幅法庭上人声鼎沸、吵吵闹闹、争儿夺子的画面，形象至极。判词末尾的断语，斩钉截铁，合理、合法、合情：“儿还宋玉，妇付缪贤。毛、宋往来，即宜断绝。”

在《阿刘请以孝妇判》中，同样呈现出司法官浓浓的人文情怀。

> 妇女阿刘，早失夫婿，心求守志，情愿事姑。夫亡数年，遂生一子，款与亡夫梦合，因即有娠，姑乃养以为孙，更无他虑。其兄将为耻辱，遂即私适张衡。已付聘财，克时成纳。其妹确乎之志，贞固不移。兄遂以女代姑，赴时成礼。未知合为婚不？刘请为孝妇，其理如何？
>
> 阿刘夙钟深衅，早丧所天。夫亡愿毕旧姑，不移贞节。兄乃夺其永志，私适张衡。然刘固此一心，无思再醮。直置夫亡守志，松筠之契已深；复兹兄嫁不从，金石之情弥固。论情虽可嘉尚，语状颇欲生疑。孀居遂诞一男，在俗谁不致惑？款与亡夫梦合，梦合未可依凭。即执却有奸非，奸非又无的状。但其罪难滥，狱贵真情。必须妙尽根源，不可轻为予夺。欲求孝道，理恐难从。其兄识性庸愚，未闲礼法。妹适张衡为妇，衡乃克日成婚。参差以女代姑，因此便为伉俪。昔时兄堂，今作妇翁；旧日妹夫，翻成女婿。颠倒昭穆，移易尊卑。据法法不可容，论情情实难恕。必是两和听政，据法自可无辜；若也妄冒成婚，科罪仍须政法。两家事状，未甚分明，宜更下推，待到量断。

阿刘早年丧夫“心求守志，情愿事姑”，丈夫死后数年，她生了一个男孩，说是在梦中与夫君相合；“姑乃养以为孙”，婆婆也将他作为亲孙子养育。阿刘之兄认为这是一大耻辱，随即要她嫁人，聘礼已下，但是阿刘“确乎之志，贞固不移”。在这种情况下，阿刘“请为孝妇”，以便打消其兄令其改嫁的念头。对她的“孝妇之请”，司法官完全可以用几句话呵斥、训斥于她，可是没有，他没有如此简单粗暴地处理，而是用一句“欲求孝道，理恐难从”，轻轻地、得体地予以回绝，真乃具“四两拨千斤”之妙；当然，司法官对阿刘的处置，既没有放任不理，也没有无证妄判：“孀居遂诞一男，在俗谁不致惑？款与亡夫梦合，梦合未可依凭。即执却有奸非，奸非又无的状。但其罪难滥，狱贵真情。必须妙尽根源，不可轻为予夺。”“梦合”之说荒诞无稽，司法官是心知肚明的。明知阿刘所言为假，但是，他并不揭穿，更不嘲笑挖苦。要认定她的奸情又缺乏直接证据，而要究其真情、拿到真凭实据，又不能“轻为予夺”强逼阿刘，而是需“妙尽根源”。一个“妙”字，精确、平和，含义丰赡，表达出司法官要想尽办法（却不是不择手段的“千方百计”），在不伤害阿刘女性尊严的前提下，使阿刘自己说出事实真相，随后方可决断；一个“妙”字，显示的是司法官的智慧、才情。司法官在审理此案的过程中，始终秉持情、理与法各适其当的理念，既有情，又有理，更有法：既指明“其罪难滥”，又强调“狱贵真情”，要求对有关事实作进一步查证，不可滥施法科。

对阿毛、阿刘这样有失贞节的妇女，司法官没有板起审判者的面孔、拿起礼教的大棒，予以严厉斥责或者嘲讽，这难道不是一种崇高的人文精神、悯人之情吗?！在《文明判》里，我们看到的不是礼教的桎梏，而是人性的闪光；不是嘲讽厌恶，而是深深的理解、同情与宽宥。别说是在漫长的封建社会法庭里，这难以看见，就是在近现代，如阿毛、阿刘这样的“不洁”妇女，恐怕也不会受到如此宽待。其实《文明判》中的司法官不仅对不守贞节的妇女尊重爱护，他们对“喧闹”公堂的妻子（《取桡致殂判》）、“亡马失弓”的将士（《失马亡弓判》），抑或是“弃尸荒野”的王崇（《井崩致死判》），其用语之温婉，其怜悯之真切，其设身处地之理解，这样的人文情怀，也是令人感动不已的。

《文明判》的司法官在对当事人的处置过程中，与其人文情怀相呼应的是语气平和而不偏激，语义深隐而不显露。无论是叙事还是论理，语言表述都“条畅优柔，不谈愤激”，平实、平和、平静，这样的语言表义风格，就能非常熨帖地表现出司法官那种平等、亲切、挚诚的审案心态，及这种心态呈现的司法官可贵的人文情怀。

《文明判》司法官的人文情怀，应该是由一定社会文化，如传统的婚姻习惯和法律的规定支撑的。中国传统婚姻文化，其本质仅仅在于延续宗族、祭祀祖先。《礼记·昏义》对婚姻有权威的定义："昏礼者，将合二性之好，上以事宗庙，而下以继后世也。"这就是说，男女婚姻与他们本人没有多大关系，婚姻全是为了家族的延续，为了祖先祭祀。"家族的延续与祖先的祭祀，二者的关系自异常密切，有时是不可分的。但就重要性而论，二者之中后者的目的似更重于前者，我们或可以说为了使祖先能永远祭享血食，故必使家族永久延续不辍，祖先崇拜可以说是第一目的，或最终目的。在这种情形之下，我们自不难想象结婚具有宗教性，成为子孙对祖先之神圣义务，我们更不难明了为什么独身及无嗣被认为是一种愧对祖先不孝的行为。"[①] 由此看来，毛氏与阿刘的行为是否违背了伦理纲常、违犯了婚姻的规定，在她们的夫婿、婆婆甚或周围人眼里，都不重要，都可以忽略不计。因为她们的作为给他们的家族延续了香火，这才是最值得关注也是最重要的。有了这个"香火"，家族的血脉、祖先的祭祀也就可以绵延不断。所以，阿毛的丈夫才不顾事实地认为妻子与他人所生儿子"酷似"自己，阿刘的婆婆不顾脸面地将出轨儿媳所生孩子"养以为孙"，在他们看来，儿子、孙子不需过问来路，有了就好，他们生活的意义也就全有了。审案的法官亦深谙其理，不再深究。法无明文规定，也是他们人文情怀的保障基础。唐代的法律，没有对这类行为作具体处罚规定，只是以"淫佚"为"七出"的一个条件，笼统规定之。因为法律并没有明确地规定"奸"情的具体内涵，上述阿毛之夫和阿刘婆婆，都不承认她们犯有奸情，因而也就不能以奸情"出"了她们。据瞿同祖先生说，在封建社会的漫漫长河中，尽管妇人犯奸是不可容忍的罪行，但是，在元代以前各代的法律中，都只将其置于"七出"之列[②]，不以犯罪论处。家人不追究，法律无规定，法官自然也不会节外生枝。

---

① 瞿同祖：《中国法律与中国社会》，中华书局，2003，第 97 页。
② 瞿同祖：《中国法律与中国社会》，中华书局，2003，第 123 页。

明清两代的有些判词，表现出了与《文明判》很不同的人文情怀。在作为明代判词代表作的《折狱新语》中，作者李新极端地强调妇女的“贞节”，全力地维护妇女“从一而终”的纲常礼教，对妇女离婚再嫁、寡妇再醮，深恶而痛绝之。比如在卷一《枉法事》一判中，对夫亡要求再嫁的吕氏，极尽挖苦斥责之能事，以“孤狐求偶”（《诗经·卫风·有狐》）作比，说她是毫无廉耻之人；在《抄虏事》判词中，对五十岁夫亡欲求三嫁（前面两个丈夫均已死亡）的胡氏，更是随意谩骂，将她骂作如“彘”一般的禽兽。清代名吏樊增祥在《批刘李氏呈词》中对待刘李氏的态度，与李新的辱骂有异曲同工之效，判词全文如下：

> 五十八岁之老妇，情殷再醮，呈请立案，以杜后患等语。天地之大，无奇不有，赠尔一诗，以为凭据：花甲周犹欠两年，麻裙翻转任伊穿。旁人若道长和短，但打官司莫给钱。[①]

这道判词的批语，既明确了刘李氏再婚的法律规定性，又以蔑视戏谑的口吻，完成了判词作为法律关系的凭据之使命。这个看似颇具“花判”[②]内质的批语，体现出樊增祥视封建伦理道德为最高原则的心态：首先，他把刘李氏再婚看作一件荒诞奇异之事，毫不掩饰自己的鄙夷之情，“天地之大，无奇不有”；其次，故意强调刘李氏年龄，以其已“老”而羞辱之：“五十八岁之老妇”，“花甲周犹欠两年”，前句已说清楚了她的年龄，却又加上还差两岁满六十岁；最后，有意突出她的“孀妇”身份，用挖苦轻蔑的语气写道“麻裙翻转任伊穿”[③]。樊增祥在判词中虽然明确了法律对寡妇再婚的肯定性规定，然而在一个满脑子浸润儒家三纲五常的地方行政长官眼里：她不是“人”，她卑贱，她不守妇道，我蔑视她，所以我应当当堂羞辱她。以这种戏谑的形式嘲弄一个准备再组家庭的妇女，没有丝毫的同

---

① 汪世荣：《中国古代判词研究》，中国政法大学出版社，1997，第 174 页。以下所引各例，未注明出处的，均出自汪著。

② 花判，学界尚未给出权威的定义，目前都以宋人洪迈的定义为法：“世俗喜道琐细遗事，参以滑稽。”《辞源》《辞海》均有释义，与洪迈说法相同。

③ 麻裙，是古代妇人守丧时穿的服装。

情、理解之情怀。《文明判》与《折狱新语》以及清代判词竟然反映出如此不同的人文情怀，无疑同社会风尚亦有密切关系。

唐代的社会风尚、人文环境、文化背景与明清的不大相同。唐代统治理念虽然还是汉代儒学的延续，但在很大程度上，摆脱了纯粹儒学伦理的束缚，产生了与农业社会不同的生命情调，“唐初以均田、租庸调等制，奠下了立国根基，又以无比的自信包容异族文化，融铸出多彩多姿的大唐风采”[①]。与此相适应的是，唐代女性的社会地位比较高，她们可以堂堂正正地一婚再婚。[②] 儒家礼教纲常对妇女的约束与限制相对薄弱，人们对妇女抱着宽容和欣赏的态度。薛允升评价唐律，认为其是温和恻隐的法律，“且以刑杀之书，而慈祥恺恻之意，时时流露于言外”（《唐明律合编·例言》）。刑法都如此宽松温和，阿刘、阿毛之类还能受到责罚吗？而在明清两代则不然，由于宋明理学取代了汉唐儒学而成为占统治地位的统治理念，“灭人欲，存人伦”的理学观念高压于百姓头上，妇女则是这种礼教最直接的牺牲者，“饿死事小，失节事大”更多地指向妇女的贞节，并成为封建礼教杀人的信条。正如学者所言，“礼教的观念获得了前所未有的深化和扩散，法律的礼教化、伦理化，较《唐律》实远过之而无不及，有关家庭、婚姻、两性关系等领域的礼教化、伦理化达到了十分极端的地步”[③]，在这样的社会文化熏陶下的封建官吏们，头脑里只有封建礼教而没有人文情怀，所以，对于妇女不能从一而终的行为（尽管这并不违背法律的规定），绝不宽容，因为其不合礼教纲常。

诚然，《文明判》判词中人文情怀的产生有一定的客观性缘由，但是，我们认为《文明判》反映出的这种人文情怀，最主要的还是由司法官个人

---

① 〔美〕黄仁宇：《中国大历史》，生活·读书·新知三联书店，2008，第115页。

② 在唐太宗贞观二年（628）下的诏文中，有这样的规定：“男年二十、女年十五以上，及妻丧达制之服纪已除，自己不愿守志者，其鳏夫年六十，寡妇年五十以上，及妇人虽尚少而有男女，及守志贞节者除外，宜令有司，所在劝勉，令其婚媾，以解旷怨之情，免淫奔之辱。”与其说禁止，还不如说是在提倡。据《公主传》记载，唐代公主中再婚的有23人。她们分别是高祖的4个女儿、太宗的6个女儿、中宗的2个女儿、睿宗的2个女儿、玄宗的8个女儿、肃宗的1个女儿。其中三次嫁人的有4个人，即高宗、中宗、玄宗、肃宗的各1个女儿。详见〔日〕山川丽《中国女性史》，高大伦、范勇译，三秦出版社，1987，第52页。

③ 马作武主编《中国传统法律文化研究》，广东人民出版社，2004，第226页。

主观因素——人性之善与人文素养所决定的。《文明判》的司法官们，尽管都是封建礼教的维护者，但是他们人性中蕴含的悲天悯人的人文情怀，让他们在断狱审案过程中闪现人类最美好的善良心性，因为“善良的心是最好的法律”。

唐代司法官具有的人文情怀，对当今司法官员具有一定的启示作用。人文情怀是以“人”为核心、以“善”性为内质、以尊重为基点的一种人文精神。所以有没有人文情怀，不单纯是个人修养或人性取向的问题，而是关乎司法活动公正公平的关键性问题。那么，一个有人文情怀的司法官应具备哪些素质呢?

第一，具有“善”性，是司法官人文情怀的内在质素。人性当然受制于客观社会法律文化，正如亚当·斯密所言：“人的优良情操是在社会养成的。”也就是说，社会环境可以改变人性，可以使人“善”，也可以使人由“善”变为“不善”。但是，社会环境只是客观的、外在的因由，而一个人善与不善，有没有良知，决定性的因素在于自身，社会因素的影响还在次要。作为法律执行者的司法官所拥有的“善”，即为“司法良知”[①]，它是司法官作为普通社会个体与国家司法权的实际承受者的内在质素，是这一特定社会角色所应当具有的“善”性的综合，这就决定了司法官的良知与社会其他人员的不同，在性质及内容上具有复合性和严肃性。司法良知作为司法官人文情怀的内在品质，是确保国家司法权的功能得以实现的精神要素和核心动力。司法公正的实现，除了良好的法律和合理的司法程序保障以外，真正关键的条件就是建设一支普遍具有司法良知的高素质司法官队伍。因此，提高司法官司法良知水平，加强司法队伍的良知品行建设，关系到司法改革（公正）的成效。近年来，广大的司法官，在司法改革的大好环境中，尽力适应司法改革功能的需求，努力提升自己的司法理念、良知与人文修养，而且把司法良知作为其中最重要的、不可取代的品性修炼自己，努力丰厚自己的人文情怀。“法乃善良公正之术”，运用法律维护善良公正，乃司法官之职责，因此，司法官的“善（良知）”是做到

① “司法良知”就是司法官所具有的良知，是司法官依据个人理念对社会公共的理解和解释，是社会公共理念、个人良知和价值观的综合体现。详见沈德咏主编《法律文化》（第1辑），法律出版社，2011，第25页。

“司法公正”、做好审案断狱的首要条件。

第二，尊重当事人。最高检前检察长张军先生根据自己多年的司法实践工作经验，把在司法实践中“尊重当事人”视为实现司法公正的一个极其重要的司法理念和工作能力。他认为，做好司法工作“首先要有情怀，这个情怀不是说空话，实际上就是习总书记讲的以人民为中心，也就是你要尊重当事人。你尊重当事人，他是能感受到的”①。在这里，他把司法官的人文情怀看作做好司法工作的前提条件，并把它提升到保证司法公正的高度，具体而富有指导性。模范法官陈燕萍之所以能 3000 多件案件无错案，且深得群众满意，就是因为她首先具备了这种品性。因为她尊重当事人，她才能悯恤百姓，深知他们既希望化解矛盾又不愿伤情面的心态，在法、理、情之间寻求最佳平衡点，用自己的一片真情努力化解矛盾、纠纷。“对人民怀有深厚的感情，对审判事业有着执着的追求”的模范法官宋鱼水，她的办案经验也告诉我们，无论是复杂的、疑难的还是新兴的案件，司法人员只要怀着一颗善良之心，采取“以理服人，以情感人”法理情兼备的方式，就都能解决纠纷、钝化矛盾，就都能做到“司法公正”。宋法官最值得赞扬的，在于她在办理案件时，首先看到的是“人”，是“当事人”，是尊重。她认为，一个法官一生中可能审理几千件案子，但是，绝大多数当事人一辈子可能只进一次法院，打一次官司。如果一生中仅有的一次官司，让他们受到不公正的待遇，得到一份不明不白的判决，那么，他们的心里就会留下伤痕。伤害一个当事人，就会多不止一个不相信法律的人；相反，维护一个当事人的合法权益，就会增加许多人对法律的敬畏、对社会的信心。把一件案子的公正、对一个当事人关注，提升到社会对于法律的敬畏、百姓对法律的信任的高度，很是难能可贵。所以说，她被当事人誉为“辨法析理，胜败皆服”的法官，绝不是虚妄之语。以宋鱼水、陈燕萍为代表的我国优秀的司法官们在审理案件过程中，始终把“人”放在首位，尊重当事人。

他们是具有人文情怀的法律人，具有人文情怀就必然具有一种怜悯情

① 《最好的法律语言是法律人讲的社会语言、生活语言——王洁教授与张军检察长对话摘录》，载王守泉主编《法治新闻传播》（第四辑），中国检察出版社，2020，第 6~7 页。

怀，就必然具有一种善良心性，就必然具有对人、对当事人起码的人格尊重，就能做到“司法公正”。对此，张建伟先生有很精到的论述，他说：“法律是为了解决‘人的问题’而进行与法律有关各种活动的，现代国家法律和司法通常都被注入了人文主义精神——人及其存在的事实本身在本质上被认为具有尊严的性质，人及其存在的尊严被视为最高的善，是其他各种价值的基础。法治概念的最高层次是一种信念，相信一切法律的基础，应该是对人的价值的尊重。法律人——特别是法官——具有维护人及其存在的尊严的职责，具有一定人文素养的人才富有人性，才能具有尊重人及其存在的尊严和价值的意识。”①

相反，张玉环案的司法人员（当然包括公安人员）如果具有一定的良知、一定的人文素养，就会产生一种悯惜“人”的情怀，就会尊重张玉环的陈述，尊重事实，慎重处置，不致将一个无辜者判作罪犯，把一个勃勃青年变成了衰弱的老人。因为具有人文情怀，可以平等待人，强化亲和力；具有人文情怀，能够激发良知、显化人的善性；具有人文情怀，就会格外珍惜生命、信仰法律。我们都知道，法律的视角在本质上是“人”的视角，所以我们认为，格言“司法官的良心是法律正义的最终保障”，真理也。

第三，阅读经典的文、史、哲著作，培养人文素养。（此论点限于篇幅，仅点到为止。）阅读经典的文、史、哲著作，是培养人文素养最重要的条件，也是修炼司法官人文情怀的必备条件。我们知道“人文”是一种文化、教育，以及通过这种教化所达到的一种自我实现和完善，同时也是展现个人各方面的最高优越性和独特性，并在世间留下自己的痕迹的一种素养。因此，培养人文素养，阅读经典著作必不可少。

文，主要指文学（不排除语言）作品。北大教授陈平原说，学习本国语言与文学，应该是很美妙的享受。阅读文学经典，一定要含英咀华，发现表面平淡无奇的字里行间所蕴含的语言之美、自然之美、人性之美，在精神享受的同时，揭示事物的本质。文学作品有助于司法官拨开云雾，看透事物深层的本质。现实生活中的祥林嫂，人们会用鄙视眼光看她，只当

① 张建伟：《文学：法律人文素养的源泉》，载沈德咏主编《法律文化》（第1辑），法律出版社，2011，第97页。

她是疯子、乞丐，不屑一顾，这是表象；在《祝福》中的祥林嫂，她是封建礼教的牺牲品、封建婚姻制度的受害者，这是本质。文学是文明社会对法律和司法实践的反思的一个重要向度。

史，主要指关于人类历史的著作。无论古今中外，人们都非常重视历史的明鉴作用。唐太宗云："以铜为鉴，可以正衣冠；以人为鉴，可以明得失；以史为鉴。可以知兴替。"英国哲学家培根说，读史使人明智，鉴以往而知未来。读史也是提升阅历的一个捷径，在前人留给我们的经验、教训和社会生活的沉淀中，深化思考，拓展眼界，收获智慧。对于司法官而言，读史不仅关乎历史观、知识面、谈吐和气质，更关乎自己的人生观、眼界和格局。

哲，号称是"使人聪明"的学问，因为它是关于世界观和方法论的理论体系，是关于世界的本质、发展的根本规律以及人的思维与存在关系的根本认识，而方法论则是人类认识世界的根本方法。学习哲学，可以助人走出迷宫，正确而深刻地认识世界。

文、史、哲，归根到底，都是对人的观照，是以人为对象的学科，是人文素养的基石。阅读文史哲，被学者称为"精英式的阅读"，表面看起来与"法"无关，却是涵养我们人生经验、文化品位、审美情趣和提升思想境界的精神食粮，能够熏染一个人一生做人的底色。

我们常说，法律不可失去它的人文志向，这个"人文"就是指司法官的人文情怀。法律自身不是目的，人，才是它的终极目的。"人，既然是法律的终极目的，那么，对人性的呵护，对人格的尊重，就是法律人所应该具备的人文情怀。"①

① 刘愫贞：《刍议唐代判词语言表意模式的人文情怀》，《平顶山学院学报》2014 年第 4 期。

电影《第二十条》的语言特点对普法宣传的启示

最高人民检察院　赵晓敏

摘　要：以正当防卫为题材的电影《第二十条》以平实质朴并具有鼓动性、时代感、亲切感的语言，向我们展示了好的普法宣传应该如何让老百姓“看得进去，被它吸引，为之感动”。电影中的语言特点也为我们提供了实现普法宣传预期效果的路径：以“看见”之理解正视司法现状和百姓需求，以问题为导向积极回应社会关切，以通俗易懂的社会语言讲述法律故事，传递法律的温度和法治正能量。

关键词：语言特点；普法宣传；法律语言

电影《第二十条》在今年春节档上映后，很多人多次“刷”电影中的一些精彩片段，说“后劲有点大”。学者易中天评价这部电影：“老百姓心中的好电影，看得进去，被它吸引，为之感动。”这其实也是我们开展普法宣传所追求的目标。怎样才能让普法宣传“看得进去，被它吸引，为之感动”？本文拟从语言的角度，分析电影《第二十条》中那些触动人心的台词，以期为检察机关的普法宣传工作提供参考。

一　电影《第二十条》的语言特点

（一）平实质朴

平实质朴，就是选用确切的字眼直接表述，不加修饰，语言力求平淡，不追求辞藻的华丽，显现出质朴无华的特点。张艺谋导演说，这部电影的画面平易近人，不张扬，生活化。他把摄影机藏了起来，把故事和人物推到前头，追求一种“洗尽铅华”的感觉。平实质朴是贯穿整部电影的语言风格，这部普法题材的电影通篇都在讲法，却避开了法言法语的范式表述，用社会大众能听懂的语言，以“直给”的形式诠释了法律的意义，诠释了法治社会的前行方向。

【例】什么是法律？是天理，是国法，是人情。我不相信没有天理的国法，也不相信没有人情的天理。

【分析】这句话用法言法语“翻译”过来就是我们司法实践中常说的办案要实现法理情相统一。韩明用通俗的语言，以强烈的共情，从普通人良知的角度呈现检察机关办案追求的效果，“把屁股端端地坐在老百姓一边”的检察官形象，在社会公众心中被构建起来。

【例】法不能向不法让步。

【分析】这是让观影者印象最深的一句话。这句只有 8 个字的短句，每个人都能看懂，每个人都能理解，它用质朴的语言表述了老百姓朴素的正义观。8 个字，字字掷地有声，它宣扬的是一种勇气、一种担当，道出了社会公众对法治的期待、对公平正义的渴求，也彰显了检察机关“为法治担当”的承诺。

（二）鼓动性

鼓动性是宣传语言所共有的，引人向上、催人奋进。鼓动性根植于语言的情感性和感染力。宣传语言一定是基于一种目的或者愿望，说出的话让人产生共鸣。宣传语言不可避免具有倾向性，但是这种倾向性一定是越隐秘越好，要讲究语言艺术，避免“强加于人”的说教。

【例】压垮她的全是恶势力吗？不是啊！是她的绝望，是她对法治的绝望，对公平的绝望，对我们的绝望！如果我们不能够拯救一个绝望的母亲，如果我们不能够让这个母亲重燃希望，我们有什么资格穿上这身衣服？

【分析】这段话使用了设问的修辞手法，自问自答，引起注意，引发思考。中间使用了一组排比句，让语言更加生动有力，更具感染力，也更容易引起共鸣。最后以一个反问句加强语气，表达肯定的意思，这也是吕玲玲内心笃定的信念："作为检察官，我们要让这个母亲重燃对生活的希望，对法治的希望，对公平的希望!"我相信观影的每一个人都为吕玲玲这段振聋发聩的陈述而感动。电影花絮中，吕玲玲的扮演者高叶在含泪陈述完这段话后，情绪沉浸在剧情中久久不能平复，她先感染了自己，才能感染其他人。这段话特别好地呈现了检察官维护公平正义的使命感，诠释了检察机关"为人民司法"的理念。

【例】我知道改变一些事情很难，追求公平正义要付出代价，但这个代价谁来承担？老百姓吗？难道让他们用自己的命运、用整个家庭的命运，甚至是几代人的命运，去承担这个公平正义的代价吗？

【分析】这段话同样以疑问句开头，设问的修辞手法引发受众对"谁来承担代价"的思考，然后又以反问句的方式，否定了"追求公平正义所付出的代价，由当事人以及他的家庭承担"的假设。韩明用一连串的问句强烈地带动了受众的情绪，引领了话题的走向。这段话是站在"人"的角度去谈法律，所谓法不外乎人情，刑罚的适用绝不能破坏社会公众有关健全法感的朴素思维。

设问的修辞手法，具有强烈的情感渲染作用，可以很好地鼓动受众的情绪。

（三）时代感

所谓时代感，是一种对时代精神和时代氛围的心理把握，是时代情感的聚集和凝注。《第二十条》作为一部现实主义影片，按照生活本来的样子精确、细腻地描写现实，真实地反映了新时代新征程人民群众对法治、对公平的新期待新需求。它从平凡生活中的普通人视角切入，讲述时代洪流下的法治进程，讲述人民群众最朴素的情感期待——公平和正义。电影中这些触动人心的语句，正是对公平正义不同维度的诠释，具有思想的厚度和表现的力度。

【例】我们办的不是案子，而是别人的人生。

【分析】这句话已经成为司法实践中的共识，在电影中也扣动了受众的心弦。心理学认为，每个人都渴望"被看见"。"被看见"是一种深层次的情感体验，它让我们感受到爱和自我价值。我们的很多案子无法实现“案结事了”，根源就在于当事人内心有一个自己无法打开的心结，而我们在办案过程中往往也只把当事人作为证据来源，忽略了他渴望“被看见”这种心理需求。当我们把当事人的人生放在案件中考量时，我们才能平等地尊重和正视他们，公平正义才能“可感受、能感受、感受到”。“被看见”是一个有温度的链条，当我们对当事人的处境感同身受、足够理解时，检察正能量就能借由一环又一环的链条传递下去。这句话，是司法工作者的自我鞭策，也是社会公众对司法的殷切期待。

【例】法律的权威来自老百姓最朴素的情感期待。

【分析】法律没有那么艰深，法律体现的应该是一般人的常情常感。法律不是冰冷的逻辑，法律是公道自在人心。习近平总书记反复强调“努力让人民群众在每一个司法案件中感受到公平正义”[①]，而回应人民群众对公平正义最朴素的情感期待，恰恰是检察官努力前行的方向。

这部电影的语言之所以能够引起社会共鸣，就是因为它正视了我们执法司法的不完善，正视了执法司法过程的不完美，回应了老百姓的情感需求，也借韩明之口，道出了检察机关对老百姓的承诺。

（四）亲切感

亲切感，就是基于一种平等关系，基于了解和共情，从对方的处境出发组织语言，让对方产生共鸣。这种亲切感，内容上要适应受众对“新鲜”“易懂”“可信”“真情”的期待；形式上要拿捏好“传者”和“受众”的关系，既不应是“陌生人”高高在上的说教，也不应是“私语者”为了拉近关系而邀宠取媚或者唯唯诺诺。语言传播的目的是创造一种良好的环境和氛围，使受众敞开心扉，了解语言内容、了解语言背后的思想，实现信息共享。

【例】其实法律是什么？在老百姓那里很简单，就是公不公平。都知道打官司贵，打官司难，那老百姓为什么还要打？不就是为了公平正义吗？

① 《习近平谈治国理政》（第四卷），外文出版社，2022，第295页。

【分析】法律是什么？张文显老师主编的《法理学》教材对“法律”进行界定：“法律是由国家制定或认可并依靠国家强制力保证实施的，反映由特定社会物质生活条件所决定的统治阶级意志，以权利和义务为内容，以确认、保护和发展对统治阶级有利的社会关系和社会秩序为目的的行为规范体系。”[①] 但如果我们用这样精准、规范的语言去做普法宣传，显然会筑起法律与社会公众之间的专业壁垒。对于这个专业问题，电影跳出了专业表述，使用有温度的亲民语言，瞬间拉近了法律与老百姓之间的距离。

【例】她们都是未成年人，都会长大，都会步入社会，那我们有没有想过，我们究竟是把怎样的一个社会交到他们手里？

【分析】电影讲述了三个故事，每个故事里都有一个孩子。孩子永远是中国人的软肋，也是最容易触动社会敏感神经的话题。韩明在听证会上，借孩子的话题讲述了公平正义对社会发展的意义，也为检察官和社会公众树立了一个共同的目标：要为孩子创造一个更适宜生存、生活、发展的社会。

二　对普法宣传的思考

为什么由这些非法律人参与的电影，达到了这么好的普法效果？除去商业电影的受众面更广外，我们也要反思我们的普法宣传何去何从。

（一）普法宣传应该使用怎样的语言？

德国学者考夫曼在《法律哲学》一书中将语言分为日常语言和法律语言。法律语言是法律专业人士所通行的一种身份语言，它是通过立法创制的，司法领域更是法律语言的世袭领地。但是普通人生活在日常世界中，以一种日常语言交往并生活在日常语言所构造的社会中。[②] 陈兴良老师认为，在日常语言所建构的日常世界与法律语言所建构的法律世界之间存在

① 张文显主编《法理学》（第五版），高等教育出版社，2018，第69页。

② 〔德〕阿图尔·考夫曼：《法律哲学》（第二版），刘幸义等译，法律出版社，2011，第178页。

某种“区隔”[①]。

我们常规的普法宣传，是法律人使用法律语言，解释法律人认为重要的法律问题，或者邀请非法律专业的演员，按照法律人写的脚本，讲述法律人认为重要的法律问题。也就是说，我们一直在法律世界内开展普法工作。

法律追求精确、规范，但电影中的语言有意规避了这种表述方式，将晦涩难懂的法律条文、“神秘遥远”的司法实务，以最平实的生活语言生动呈现，在法律和社会公众之间成功搭建起沟通的桥梁，打破了日常语言与生活语言之间的“区隔”。

电影中有这样一个镜头：几个工作人员拿着一块展板，上面写着“公平正义比阳光更重要”。韩明评价道：“这个好，既抽象又具体。”这句宣传语用了比拟的手法，把抽象的公平正义与具体的阳光放在一起做对比，以期增强生动性和形象性。但这句宣传语显然无法打动人心，太空洞，它的出现没有具体的语境，无法在观众脑海中勾勒出使人共情的画面。

语言是形式，法律是内容，形式一定为内容服务。语言是人与人之间交流的媒介，普法宣传也是检察机关与社会公众的交流。在信息爆炸的时代，如何提高沟通效率？就是简单、坦诚、正向地把我们要表达的思想说明白，让社会公众看得进去、看得懂、想得明白。

举一个简单的例子，我们常说办案要兼顾“法理情”，什么是“法理情”？第一种表述方式：“法理情”即法理、事理、情理，“法理”指法律的理性认识成果，通常表现为法的理论、原理和学说，是正确适用法律、释法说理的基本原理，“事理”是科学判定，强调事物是非曲直的逻辑性，以及结论形成的根据，阐明社会大众所认可的法则和逻辑，“情理”是道义准则，是法理和事理的基础，集中体现大众的朴素情感。[②] 第二种表述方式：“法理情”即国法、天理、人情。这两种表述的意思差不多，显然第一种表述更加严谨准确，但大概率不会吸引社会公众驻足聆听，太专业了，难以理解，超出了社会公众愿意驻足的关注度“阈值”。国法、天理、

① 陈兴良：《法律在别处》，《法制资讯》2008 年第 3 期。

② 武晓红：《“法不能向不法让步”蕴含的法治立场》，《学习时报》2024 年 3 月 20 日。

人情，不需要再进一步解释，每个人心目中都有对国法、天理、人情近乎相同的定义，这是我们共同的文化属性决定的，这就是把法言法语转化为社会大众语言，打破法律世界与日常世界之间的“区隔”。

（二）普法宣传应当聚焦哪些内容？

普通民众大多不知道正当防卫的具体内容，即使看了《第二十条》，依旧背不出《刑法》第20条的具体规定，依旧不知道正当防卫的构成要件，依旧无法区分正当防卫、防卫过当、无限防卫的适用情形。那这部电影达到了普法效果吗？毫无疑问，这是一部很好的普法题材电影，它唤醒了普通民众对《刑法》第20条正当防卫规定的关注和理解。

苏格拉底说，我们只能知道我们所知道的，我们不可能知道我们所不知道的。张艺谋导演认为，中国人骨子里充满了爱和温暖，有天然的古道热肠，中国文化传统的深厚底蕴让每个中国人本性中就有对公平公正的朴素认知。公平正义早就在社会公众的心中，它只需要被激活，而无须被教导。

信息时代，我们不缺乏获取“是什么”的方式和渠道。普法宣传，不是为了让老百姓记住法律条文的具体内容，也不是为了培养老百姓的法律思维，而是要引导全社会相信法律、敬畏法律，引导社会公众知善恶、明是非，相信在自己的合法权益受到侵害时可以运用法律武器维护自己，能够预知自己如果越过法律的红线就会受到惩罚。

普法宣传肯定会有倾向性，但是如果这个倾向性特别露骨地呈现，可能会让社会公众反感或者离开。检察机关的普法宣传，内容一定要聚焦回应社会关切、传递法治理念，画面背后隐含的是检察机关维护公平正义的努力或者努力方向，传递给老百姓的信息是检察机关值得信任和信赖。

（三）普法宣传应当采用怎样的方式？

我们的普法宣传，常常陷入“剃头挑子一头热”的尴尬境地，实际普法效果尚未达到预期目标。说到底还是我们普法宣传的内容与受众关心关注的事情不相关，再加上我们习惯于用法律人的话语体系进行说教式普法，用法言法语解释法条，用法理阐释道理。

李茂娟因打伤张主任被送进行政拘留所，在送李茂娟的路上，韩雨辰和韩明展开了对话，韩雨辰的疑问正是大众对见义勇为的疑惑，也反映出常规普法宣传、释法说理方式没有发挥应有的价值。

韩雨辰："爸，事情怎么成了这个样子？"

韩明："（叹口气）这种事，谁先动手谁没理，谁伤重谁有理……"

韩雨辰："有些事，你不动手可能无法阻止。"

韩明："那得看什么事。"

韩雨辰："人在现场的反应只是一两秒钟，谁能一边动手一边想着法律，谁能那么理性？谁能那么严谨呢？这不是扯吗？"

韩明："这不是扯，法律就是理性，就是严谨。"

韩雨辰："爸，你说的怎么那么空洞呢？"

韩明："不是空洞，法律就是法律。"

普法宣传要"放下身段"，不能端着，不能停留在我们自己的语言体系中"自我感动"；但也不是要讨好迎合，是要以一种平等的姿态，与社会公众交流对话，回应社会公众的困惑和问题，回应当下社会热点，才能让社会公众在普法宣传中找到法律与个体的连接点。新时代人民群众对法治的需求、对"官"的态度发生了巨大变化，任何"端着"的灌输式普法都是低效甚至无效的，放平姿态，转换语言表达方式，用好老百姓的语言，用好网络语言，我们的普法宣传才更容易得到社会的认可，达到预期普法宣传效果。

三　结语

海德格尔曾经说过，"语言是法律的根基"，法律语言根植于民族语言系统，又有其特有的专业性特征。法律语言是法律内容的载体，也是法律精神和法律思维的体现，从法律文本的制定到法律的实施再到法治社会的实现，都需要法律人运用法律方法、法律思维和法律语言来完成。

什么是最好的法律语言？一位资深检察官说："最好的法律语言就是法律人使用的社会语言。"这部电影中的金句之所以可以让社会公众产生共鸣，就是因为这部电影中的检察官“看见”了老百姓心中对法治的忧虑、对司法的不信任，从“人”的角度出发、用社会语言、以强烈的共情，使检察机关与老百姓对公平正义达成一致，为老百姓关注法律、了解法律、信任法律架起了桥梁。

以“看见”之理解正视司法现状和百姓需求，以问题为导向积极回应社会关切，以通俗易懂的社会语言讲述法律故事，我想，这是我们普法宣传实现预期效果的路径。

1994年法律语言大会贺词（扫描件）

张晋藩

中国政法大学研究生院

大会主席团：

法律语言是法文化的组成部份。中国是法文化发达很早的国家，法律语言也有它悠久的历史和自己的独特的规律性与延续性，有些今天仍然具有生命力，而被人们加以引用。例如，在先秦的文献中已

中国政法大学研究生院

有无辜(不辜)、杀人越货(杀越人于货)的法律语言。资产阶级法律文化输入中国以后，传统的法律语言经过了更新与转型以与世界接轨，这当然是历史的进步。一九五三年司法改革时，左的思想影响下，将世界通用的法律语言作为"法言法语"加以批判，并否认其继承性。改革开

中国政法大学研究生院

放以后，法学研究取得了多方面
的成果，扩展到许多领域，今
天大会的召开就是雄辩的
例证。希望大会能就中国法律
语言的现代化、规范化及其
发展的规律性进行有益的探
索，以开我茅塞。因琐事干扰
不克赴会，草此为贺。

祝大会成功

张晋藩

94年　八月廿一日

2013年法律语言高端论坛贺词（扫描件）

张晋藩

大会贺词

悉闻召开法律语言高端论坛，因在外地不能参加，抱歉。我希望会议能对法律、语言、法律人三者之间的内在联系与相互关系进行理论上的探讨和经验的总结。这将会丰富法律科学的内涵，也将有助于法治国家的建设。预祝大会取得圆满成功！

中国政法大学终身教授 张晋藩

2013年10月18日

图书在版编目(CIP)数据

中国法律语言研究的理论与实践 / 王洁主编；崔玉珍，赵晓敏执行主编. --北京：社会科学文献出版社，2024.12（2025.9 重印）. -- ISBN 978-7-5228-4380-3

Ⅰ. D90-055

中国国家版本馆 CIP 数据核字第 2024CA2299 号

中国法律语言研究的理论与实践

主　　编 / 王　洁
执行主编 / 崔玉珍　赵晓敏

出 版 人 / 冀祥德
责任编辑 / 高　媛
文稿编辑 / 齐栾玉
责任印制 / 岳　阳

出　　版 / 社会科学文献出版社 · 法治分社（010）59367161
地址：北京市北三环中路甲 29 号院华龙大厦　邮编：100029
网址：www.ssap.com.cn
发　　行 / 社会科学文献出版社（010）59367028
印　　装 / 唐山玺诚印务有限公司

规　　格 / 开 本：787mm×1092mm　1/16
印 张：13　字 数：206 千字
版　　次 / 2024 年 12 月第 1 版　2025 年 9 月第 2 次印刷
书　　号 / ISBN 978-7-5228-4380-3
定　　价 / 89.00 元

读者服务电话：4008918866